本当の力に目醒めて

「うまくいく」人の、たった1つの考え方

KOUJI ISHIYAMA
石山幸二

CROSSMEDIA PUBLISHING

プロローグ

考え方を変え、
行動を変え、
習慣を変えれば、

すべては**うまく回り出す**

本書を手に取っていただいたあなたはラッキーかもしれません。

おそらく、書物において「人生や仕事がうまくいく人の法則」がこれほど明解に、かつ、ビジネスの観点から語られたことは、未だかつてなかったからです。

ただし、本書で語られている内容は、著者個人の考え方というより、もっと普遍的（不変的）なもので、古《いにしえ》から語られている真理をベースにしたものです。

ですから、大船に乗っているかのように、ゆったりした気持ちで読んでみてください。

本書に書かれていることを素直に実践していただければ、「すべてが、うまくいく」でしょう。

なぜなら、人類が何千年もの時間をかけて辿り着いたエッセンスを凝縮し、現代の生活にフィットするように、新しい表現に変えたものだからです。

私たちの日常は「自我」という意識が強く、「虫の視点」のように小さなものになっています。「私の」「僕の」という、ものすごく狭い、一人称の世界で生きていると、なかなか人生という荒波を渡り切ることができません。

例えば、満員電車のなかで、他人とのちょっとしたいざこざに巻き込まれた時。なんとも言えないむなしさや、私の人生はなんとついていないんだ、と感じられるでしょう。さらにその日一日のなかで、嫌みな上司からの小言が加われば、その日は最悪な時となります。そんな時、あなたは人生のマイナスの側面しか見ることができず、つい感情的になって、悪い連鎖から抜け出せなくなるでしょう。そういった経験は誰もが持つものです。

しかし、このような最悪の一日を、ゲームをリセットするように、時間を巻き戻して考えてみると、もっと冷静な対処のしかたがあることは誰もがわかることであり、後から自分自身の態度や対応を悔いたりするものです。

本書はそんなあなたの眼前に起こる事象に対して、新しい認知のフレームを提供していきたいと考えています。

【図1　視点の違い】

先ほどの認知フレームは、「虫の視点」でした（自我、一人称の視点という理解でいいです）。その視点に加え「鳥の視点」（社会、二人称・三人称の視点）、「天の視点」（世界、宇宙、真理の視点）といったふうにスコープを変えることで、あなたの固定観念を捨てて、考え方を変え、行動を変えれば、当然のこと、物事のすべてはうまくいきます。なぜなら、スコープを変えることによって、今まで自分が見えなかった視点を獲得でき、まるで自分自身が登場している映画を見ているかのように、自分のいたらなさや次にとるべき行動が予測できるようになるからです。

【図2　3つの鍵、認知フレーム】

認知フレームとしての

3つの鍵となるコンセプト

この視点の違いですが、本書では虫の視点を「LEVEL」という表現を使い、鳥の視点を「配役理論」、天の視点を「ONENESS（ワンネス）」という言葉で括っています。

「LEVEL」「配役理論」「ONENESS」についての詳細は、本書を読み進んでいただければ徐々に全貌がわかっていきますので、現時点では、この一風変わった言葉が本書を紐解く鍵だという理解で、かまいません。

＊　＊　＊

私たちは生まれた時から「親」という絶対的な存在からプログラムをインストールされています。それは主に「価値観」だったり「常識」だったり「好き・嫌い」だったり、それがもはや自分自身で認識できないほど、自動的に刷り込まれているため、本人の自覚がないまま、そのプログラムを無意識に発動しているのです。
本書ではその「自動プログラム」に**気づき**、いったん立ち止まって考えるためのヒントを提示していきたいと思っています。

はたして、今、自分の目の前に起こっていることは何だろうか？

この単純な問いを問い続け、考えて行動すること。
それが「うまくいく」方法です。

先ほどの満員電車の例で言えば、足を思い切り踏まれたとしても、「大丈夫です！気にしないでください！」と明るく切り返せれば、いざこざの局面ではなく、違うシーン（本書ではチャプターと呼んでいます）が展開されていたはずです。そして、上司からの小言もうまく切り返して笑いに変えることができれば、いつも嫌みな上司も微笑んでくれて、ポジティブな側面が展開されていたかもしれません。
もちろん、この話は「もしも○○していたら」という話ですので、空想の話ではあるのですが、物事が始まる前に大きな視座（認知フレーム）を知っていれば、うまく対処できていたことなのです。

本書の構成は以下のようになっています。

第Ⅰ部　うまくいく人の考え方
第Ⅱ部　うまくいく人の行動
第Ⅲ部　うまくいく人の習慣
第Ⅳ部　うまくいく人になるためのQ＆A

まず第Ⅰ部では「考え方」の問題を取り扱います。「因果」「成功」「直感」「空」といったやや抽象度の高い話をします。そして第Ⅱ部では具体的な「行動」を取り上げます。主にコミュニケーションの話が中心になります。第Ⅲ部では「習慣」を取り上げます。主に「人格」「品格」の話が中心になります。そして、第Ⅳ部では本書の中核となる認知フレーム「ＯＮＥＮＥＳＳ」「配役理論」「ＬＥＶＥＬ」について、Ｑ＆Ａという形式でフランクにお答えしたいと思います。

みなさんの仕事や人生が、本書によって、うまくいきますように。
それでは、本書をお楽しみください。

【本書の全体図】

「うまくいく」人だけが知っている秘密の鍵

1つめの鍵

ONENESS

すべては、ひとつ。
だから、私もあなたも、ひとつ。
その中にこそ「学び」がある。

2つめの鍵

配役理論

人生は映画そのものだと考えてみる。
映画に出演している私という主人公は、
それを「いい映画」にするために、
何度でも演じ直すことができる。

3つめの鍵

LEVEL

人生はロールプレイングゲームだ。
つまり、LEVELとは経験値であり、
それが上がればSTATUS（人格・地位）UP。

プロローグ　考え方を変え、行動を変え、習慣を変えれば、すべてはうまく回り出す……2

第I部　うまくいく人の考え方

因果応報をよく知っている……20
〝自分が正しい〟をやめる……24
成功は一直線ではない……28
完璧を求めない……32
一度、空にする……36
好き嫌いをやめる……40
直感を大事にする……44

紹介してもらう……48

第Ⅱ部　うまくいく人の行動

人脈づくり……54
クイックレスポンス&ダッシュ力……57
情報収集……61
丁寧な対応……64
相手の好きなことをキャッチする……68
徹底して調べる……71
瞑想する……74
他者を引き上げることで自分を引き上げる……78

細かく報告相談&こまめな連絡……81
真心を伝える……84
とにかく前進する……88
言い訳しない……91
頼まれ事は快く引き受ける……94
よく眠る……98
味方を増やす……101
信頼される……104
時間の使い方を工夫する……108

第Ⅲ部 うまくいく人の習慣

自分の強みをよく知り、発信し続ける……114
相手をよく知る……117
容姿を磨く……121
お金を効果的に使う……125
人の悪口を言わない……128
継続する……131
すっぱりと捨てる勇気を持つ……134
お礼を欠かさない……137
運動する習慣を身につける……140

読書する習慣を身につける……143
歴史を知る……146
芸術を嗜む……149
瞑想を習慣化する……152
品格を磨き続ける……157

第Ⅳ部 うまくいく人になるためのQ&A

ONENESSとはどういった考え方なのでしょうか？……162
配役理論とはどういった考え方なのでしょうか？……165

LEVELとはどういった考え方なのでしょうか？……170
本書は今までのスピリチュアル思考とはどう違うのでしょうか？……174
巻末コラム　毎日続ける瞑想……178
エピローグ　「すべてがうまく回り出す」法則を知り、物語を味わい、冒険に出よう……183

「うまくいく」人のサイクル

考え方を変える

⇓

行動を変える

⇓

習慣を変える

⇓

すべてがうまくいく

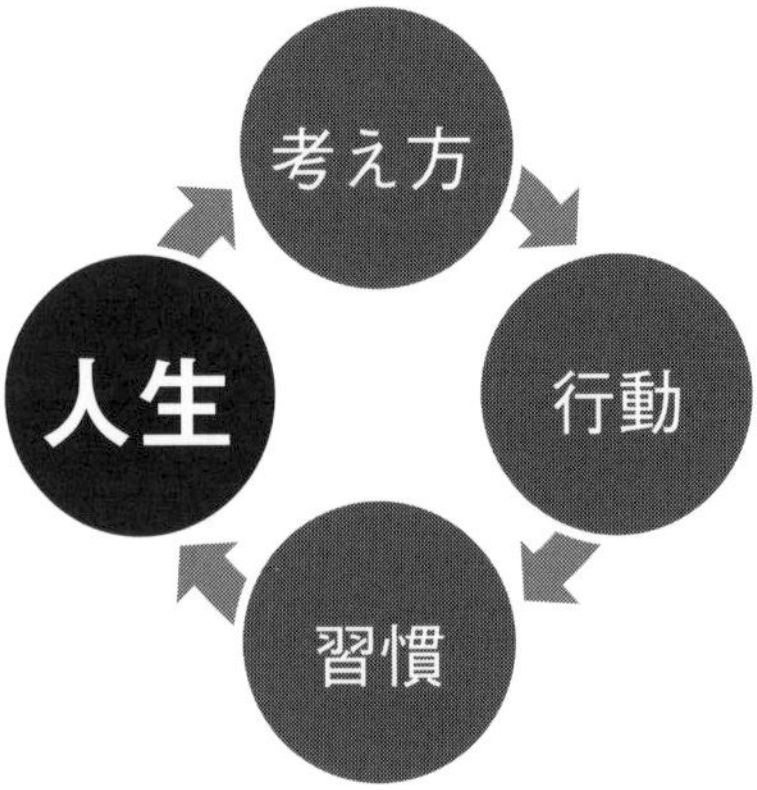

第I部

うまくいく人の考え方

因果応報をよく知っている

「因果応報」は、もとは仏語でひろく知られています。よいことをすればよい結果が、悪いことをすれば悪い結果がもたらされるという考えです。簡単にいえば、自分のしたことは自分の人生にブーメランのように戻ってくるという意味です。

本書においても非常に大切なテーマであるため、「因果応報」に関する考えは真っ先に知っておいてほしいものです。

あなたが誰かに親切にすれば、その人から直接のお返しがなくとも、まわりまわって他の誰かにあなたは助けられます。悪いことも然りで、あなたが誰かを悲しませれば他の誰かによってあなたは悲しむことになります。こうした法則が「因果応報」と呼ばれているのです。実際にはその因果が直接的ではないため、わかりにくくなっています。

泥棒が泥棒に遭えば「因果応報だよ」と誰もが言うでしょう。ですが、配役理論で見れば、この法則は、もっと日常的に行為という形になる前から起こると言えます。

例えば、「口先だけで行動が伴わない人は嫌いだ」と考えていると、そういう人が上司や部下、あるいは友人としてあなたの前に現れます。大きな失恋をして傷ついた後「優しくて私を大切にしてくれる人と出会いたい」と思っていたら、そのとおりの人と出会ったという話も少なくありません。

助ければ助けられ、悲しめば悲しみが押し寄せ、嫌えば嫌いな人が現れる。

また、ビジネスの場面でもこうした話は珍しくありません。

例えば、営業実績のよい方から、自社の何かを「売ろう」と考えた矢先に誰かから

「買いませんか？」とよく声をかけられるという話を聞きます。その際、邪険にせず話を聞いて「気に入って買う」と自分のセールスもうまくいくそうです。ベストセラーをつくる編集者はたくさんの良書を知っていますし、自社にこだわらず他社商品も愛用する敏腕経営者は少なくありません。こういった経験は誰しも少なからずあるでしょう。

ロンダ・バーンの『ザ・シークレット』（角川書店、2007年）を皮切りに多くの書が出た「引き寄せの法則」も似た考えにもとづいています。一見すると〝運〟のようにも聞こえる話ですが、程度やよし悪しに関わらず、目標を持てば意識はそこに向かい、自然と目標に関係のあるものが目に留まるようになる。原因に結果が伴うのは必然です。

だからこそ、〝下心〟をもつことには注意しましょう。

「結果をあてにして、行動しよう」では、行動に違いは生まれず何も変わらないでしょう。自分に利がある時には自分の都合を相手に通し、自分に利がない時は相手の都合を通さないでは道理に合いません。いずれ綻びが出るというものです。先ほどの営業職の方がセールスばかりに気を取られ、違う場所では誰かを邪険にしていたら？　きっとどこかでつまずき、よい結果を招くことはできなかったでしょう。

ＳＮＳで誰もが繋がることができる時代になりました。そんな時代では、裏表のない人が多くの人に愛されるようになっています。好感を持っていた人に裏の顔があれば誰しも裏切られた気持ちになってしまうからです。

自分の都合や他人の都合に振り回されることなく、自分の行動を高めることに専念しましょう。

〝自分が正しい〟をやめる

物事がうまくいかずに苦しんでいる人たちには共通点があります。

それは、〝自分が正しい〟と固執することです。価値観が多様化した現代では「正しい」の反対は、別の「正しい」であるケースが増えてきました。

例えば、新入社員が会社の方針に沿わない仕事を上司から受けたとします。新入社員は「会社の方針に沿わないからやらなくていい」と〝正しい〟言い分として主張できるかもしれません。

しかし、その仕事を通して得られるスキルが新入社員にとっての成長に繋がり、今後の仕事のスケールが変わるとすればその仕事を新入社員に渡した上司の考えも〝正しい〟と言えます。

〝常識〟も時代の変化で変わります。

古いＯＳ（オペレーション・システム）のままでは現代のコンテンツにはついていけず、バグが生じたりウイルスに感染しやすくなったりします。人間も同じです。自分のなかのＯＳが誰によってインストールされたものなのか、それが現状を円滑にするものなのか、そうでないのか。そうした点検が必要になります。

ひと昔前は、大学卒業後に入社した会社で定年退職まで働き、20代のうちに結婚して子どもを持ち、マイホームやマイカーを持つのが理想的な人生として描かれてきました。今でも未婚者に対して「いい年してまだ結婚しないの？」「そろそろ子どもは？」とお節介をやく人はいます。

しかし、経済状況や社会的変化を受け、今ではその選択肢の多くが個人の生き方の自由に委ねられるようになりました。新しい常識を〝ＯＳ〟としてインストールし直せば、周囲と比較して不幸を感じる必要も、誤った優越感に浸ることもなくなるわけです。

また、〝自分が正しい〟は思い込みとなって自分を縛ってしまうこともあります。

例えば、私がお話を伺った方で営業活動が苦手な方がいました。新規顧客を獲得するためには、見込み客にメールを送ったり電話したりする必要があります。その方は、売り込みが「相手にとって迷惑」になると思い、苦手意識を克服できずにいました。

しかし、見込み客からすれば、本当に必要なサービスや商品に関する情報は喜ばれます。前節では因果応報の例として、営業実績のよい方は自らセールスもよく受けるというお話をしました。その方は売り込みへの先入観を持たずに歓迎するからこそ、身をもって見込み客には迷惑がる人もいれば歓迎する人もいることを知っているとも言えます。

物事や人間関係がうまくいかない要因は、自分のなかにある思い込みがほとんどです。

自分の限界や悪循環をつくってしまう自動プログラムは破棄し、現状をよいほうへ変えるような新しいプログラムをインストールしましょう。

高い視点を持てば、それだけ視野が広がります。視野が広がれば見える世界も大きくなります。そうなれば、考えも行動もおのずともっと自由になるでしょう。

成功は一直線ではない

人は誰もが社会的に認められる存在でいたい。言葉を変えるなら、成功したいと思っています。

しかし、現実には「成功している」という感覚で生きている方は極めて少ないでしょう。

そういう私もしばらくそのような思いを持てなかった一人です。

この節では、私が長い会社員時代を抜けて、独立したころの話を例にとってお話ししたいと思います。

私は長らくアパレルメーカーに勤めていましたが、今から約10年前に独立し、自分でｗｅｂビジネスの会社を立ち上げようとしていました。上場会社の創業社長と話せる機会も何度かあり、「石山くん、あなたは人と違う視点を持ちなさい！」と言われたものです。

独立後は、苦難と幸運がセットになっていることを多く経験し、＋と－がひとつであるということを実感し始めていました。

国内である程度の成功を収めた後に、シンガポールに移住するのですが、そこで起きたことが最大の試練であり、なおかつ、大きな気づきとなり、本書のキーコンセプトである**「配役理論」**に辿り着つくきっかけでもありました。

シンガポールから帰国後、再度ビジネスで成功するのですが、ここでいよいよ一人でビジネスをやることに限界を感じ始めていました。

そういった気持ちもあって、私の師匠格にあたる方から「僕のビジネスを手伝ってくれないか？」とお誘いされた時に、その方のもとで、一生懸命仕事をしようという気持ちになりました。

本音を言えば、その方の力を借りなくても、ビジネスを成立させることは可能でした。でも、この時は師匠のもとで修業することが正しいことのように思え、数年かけてその師匠に奉仕しました。

その仕事では成功と失敗を繰り返し、少しずつ成果（徳）を積み上げ、遠回りしながら円を描いているような感覚でした。

そして、私がその師匠が求める以上のレベルに達した時、このように言われたことを覚えています。

「石山くん、キミもそろそろコンサルやってみるといいよ」

まさに機は熟していたのです。

私は師匠を通してコンサルティング業の世界を見ることで、すでに何が成功に繋がることなのかを会得していたのでした。そしてコンサルティングの世界こそ、高い視点（ＯＮＥＮＥＳＳや配役理論の考え方）が成功への大きな意味を持つことを心の底から実感できたのでした。

ですから、自分の出番になった時、自信を持ってビジネスを展開することができたのです。

自分自身でコンサルティングビジネスを立ち上げる前に、さまざまな失敗をさせていただいたおかげで、今の自分があると感じています。

人生はドタバタ劇場のようなものです。目先の事象は大失敗に見えても、じつは大成功の種だということはままあります。

アクシデントがあったとしても、淡々と自身の仕事をしていくと、いずれうまく回り出すことがあります。

苦労すればするほど、成功は大きなものになります。

いまあなたが置かれている状況を配役理論（**第Ⅳ部参照**）で見てみましょう。

そのように見てみると、次に自分がどのように振る舞えばよいかのヒントが隠されているはずです。

完璧を求めない

誰しも失敗はこわいものです。失うものが大きければ挑戦するハードルは上がります。

自動車王と呼ばれたフォード・モーター社の創立者ヘンリー・フォードは、自動車生産を革新したことで社会のあり方に大きな影響を与えたほどの偉人です。そんな偉人でさえ、この成功に辿り着くまでに5度の破産を経験したといわれています。

そんな彼は「失敗とは、よりよい方法で再挑戦するいい機会である」という名言を残しています。こうした大きな失敗の連続は成功までの必然だったといえます。

とはいえ、フォードに比べれば今の時代はもっと簡単に少ないコストで挑戦できる時代になりました。
手探りで始めたほうがかえって成果を得られることもあります。

商品を通販サイトで売ろうと思えば、インターネット上のサービスを利用してネットショップを開設することができます。始めから爆発的に売れる商品を準備しなくても、買い手の反応や流行を見ながら試行錯誤して売れる商品を模索することができるでしょう。

商品を開発することが難しい状態でも、今ではSNSでプレゼンテーションし協賛してくれる人たちが集まってくれればクラウドファンディングで資金を集めることができます。このクラウドファンディングもサポートするサービスが今では増えているので、顧客だけではなく一緒につくる仲間も増やしていくこともできるでしょう。

売りたいものや方法などが漠然としていても、自分のやりたいことや自分の現時点でできることを発信し、情報を探していけばビジネスで必要なことを知ることができます。

一人で〝完璧〟を目指してもすぐに限界がきてしまいますが、他のたくさんの人たちの意見やリクエストが組み合わされれば、自分一人の〝完璧〟をはるかに超えるゴールが見えてきます。

こうしたトライアル・アンド・エラーで、必然的に虫の視点（自分個人の視点）から抜け出すことができます。

個人の予測の範疇を飛び越えてしまえば、予想外なところで人脈ができたり、お金が生まれたりすることもあります。あなたを手助けする人が現れたり、逆にあなたの商品やサービスにクレームをつける人も現れるでしょう。よい話もあれば悪い話もあるはずです。

こうした変化は始めたからこそ訪れるものです。始めなければ一歩も進めませんが、始めてしまえば個人の意思に関わらず、前へ前へと引っ張られていくのです。その一歩は上がっていく一歩でもあります。

そのため、何かを始めるにあたって心配は必要ありません。目の前のことに誠実に向き合い、考えながら試行錯誤を繰り返していくことで、気づけばLEVEL（**第Ⅳ部参照**）も上がって成長もしています。挑戦し進んでいくことがゴールへの近道になります。ですから、「完璧」である必要はないのです。

一度、空にする

人生には節目というものがあります。

進学や就職、昇進などライフステージが変われば、環境も変わり、人間関係も変化していきます。映画で場面（chapter、以下チャプター）が切り替わるのと同じです。転職や結婚などのわかりやすい節目だけでなく、後から振り返ってみると、転機となったエピソードもまた人生のチャプターといえます。

こうしたドラマチックな展開は、何もフィクションのなかだけとは限りません。

私の友人は、大学卒業後、大手メーカーに就職し恋人もできました。順風満帆な生活のなかで結婚を決めた矢先、難病にかかって仕事を辞めることになりました。生活が不安定になると恋人も去っていきました。彼はすっかり塞ぎ込んでしまい、友人とも疎遠になってしまいました。

孤独のなか、彼は大企業に戻る方法や恋人との復縁を考え続けましたが、答えは出ませんでした。

しかし、孤独を受け入れた途端、病気とうまくつき合って独りでも生きていけるようになろうと気持ちの整理がつきました。

病気は治らないものの、生活を改善することで安定するとわかりました。起業に関する本を読んで勉強し、参加したセミナーで知り合った仲間と情報を共有しながら試行錯誤を続けた結果、アフィリエイト収入で生計を立てられるようになりました。

今では勉強会で知り合った女性と結婚し、子どもを育てながら育児に関する新しいビジネスも始めようとしています。

私たちの人生には壮大な物語が用意されています。

あなたはその物語の主人公で、あなたが出会う人たちは物語のなかのキャストです。先ほどの事例のように、去って行く人たちがいなければ孤独というチャプターへ物語が移行できません。

ビジネスに例えるならば、売上の停滞期が続くと、自然と経営の立て直しを考え実行することと似ています。「再起」するには何事も一度〝空〟にする必要があります。

すべては配役、つまり〝役を演じている〟と考えれば、客観的に一歩引いて状況を見ることができるようになります。

すると自然に感情移入することも、自分に協力的ではない人や攻撃的な人に対する「嫌い」「憎い」といったネガティブな感情にとらわれなくなります。

そのように、自身が「空」の状態になることができれば、悲観的に見えていた状況も一変します。ぜひ、読者のみなさんも人生のピンチに陥った時に「配役」というキーワードを思い浮かべてみてください。

「空」というスペースが開けば、新たな何かが流れ込む「間」ができます。だからこそ、不要なものは手放し、今できること、うまくいくためにやるべきことに専念しましょう。その結果として必ず大きな出来事が訪れるでしょう。

好き嫌いをやめる

子どもの頃は嫌いだった食べ物が今では食べられるという経験を持つ人は多いかもしれません。子どもの味覚は大人の約3倍といわれています。人間の五感はとても敏感で、強いセンサーとアンテナを世界に向けて張っているようなものです。このセンサーによって安全なものか、あるいは危険なものかを判別することで、人類は生き延びてきたのかもしれません。

心理学用語に「ネガティィビティ・バイアス（negativity bias）」という言葉があります。これは、人はポジティブな情報よりもネガティブな情報をより強く記憶に留めることを指す言葉です。

例えば、ある日、あなたが昼休みに買ったくじが当たり、仕事も成功し、さらには好意を寄せる人から食事に誘われたとします。しかし、帰ろうとしたら嫌いな上司の残業を手伝う羽目になり、「なんだ、その態度は！　嫌なら仕事なんて辞めてしまえ！」とまで怒鳴られました。疲れ切って深夜遅くに帰宅したあなたは「どんな1日だった？」と聞かれれば「最悪な1日だった」と不機嫌に答えるでしょう。

嫌いなものや苦手なものがあるのは人として自然なことです。

ですが、高い視点から見れば、好き嫌いの判断は、むしろ人生をうまくいかせる方向には働きません。感情に振り回されずに上司との残業をこなせば、それは成果に繋がります。困っていた上司は感謝し、あなたが困っている時に力を貸してくれるでしょう。

「因果応報」と同じで、あなたの力を困っている人へ貸せば、あなたの力が足りない時に誰かが返してくれます。そうした世のバランスを前にすれば「好き嫌い」は瑣末な問題です。

そうは言っても、ネガティブな感情のコントロールは難しいものです。だからこそ、マネジメントする必要があります。感情にとらわれると、人は冷静に物事を判断することができません。そうなれば、間違った言動をとってしまい、うまくいくものもダメになるのです。

嫌いなものを遠ざければ、生きやすくなるかもしれません。しかし、不思議なことに、嫌いなものを遠ざけても、まるで追いかけてくるように違う形で目の前に現れることがあります。

口うるさい両親が嫌いだったのに結婚したら伴侶も口うるさくなった。鼻につく同僚が嫌で転職したのに鼻につく部下が入ってきた。嫌いな人やモノと一緒になる運命ではなく、あなた自身に克服すべきものがあるから、嫌いな人やモノが再びあなたの目の前に現れるのです。人の言うことに耳を貸さないあなたと生活をしている人は口うるさくなるでしょう。あなたが気に入らない点を自分で認識しない限り、どこへ行っても鼻につく人は存在します。

嫌いな人やモノは、あなたの内側を映す「鏡」です。
五感が生き延びるためのセンサーならば、嫌いな人やモノは、あなたの人生がうまくいくためのセンサーです。感情にとらわれることなく、多くを味方につける器の大きさはあなたの強さになります。

直感を大事にする

仕事はできるのにここぞという時に失敗してしまう人は少なくありません。スキルは文句なしでも何かが足りないために、大事な場面で勝負ができないのです。

軽蔑や謙遜を込めて、仕事しかできない堅物な人を「技術屋」と呼ぶことがあります。柔軟性がなく視野が狭い姿勢を皮肉った言い方ですが、技術だけあっても人やモノを動かせません。すべては人を介して発展するからです。

第Ⅳ部でLEVELについて詳細にお話ししますが、技術や知識を含めた個人のスキルアップは欠かせないものです。実力があるからこそ勝負に挑むことができます。

しかし、それには限界があります。実力ある人は大勢いますし、上には上がいるものです。また、先ほどお話ししたように大事な場面になると、どうもうまくいかないということは、しばしば起こり得ます。

それでは、どんな力が必要になるのでしょうか？

ズバリ、「直感力」です。

ヒット商品やアイデアの背景には、もちろん市場の研究の積み重ねがありますが、最後に決めるのは「これだ！」という直感力です。未来は不確実性を内包しています。市場調査や分析はその不確実性を減らす作業ですが、それでも不確実性を0％にすることはできません。

言い換えれば、どんなに準備をしても失敗するリスクは必ずあるのです。だからこそ、最後に求められるのが勘であったり、感性だったりするのです。

哺乳類は恐怖心という本能で生き延び、それによって進化を遂げました。五感が大人になるにつれて鈍くなっていくように、こうした本能も大人になるとそれに頼らず、論理的に思考するようになります。

しかし、意外にも直感は、大人になって以降も私たちの人生を助けてくれるものなのです。今日はなんだか運がよいと感じて宝くじを買ったら高額当選したという話は珍しくありません。仕事も調子がよいと、直感で選んだアイデアが高く評価される経験は誰にでもあるかと思います。

誰しも直感力の芽は持っています。

それが大人になるにつれて、小さく弱くなってしまっているだけで、感性や勘を鍛えることで、「見えない」パワーを研ぎ澄ませることができます。

技術の磨き方は、外に向かう修練です。誰でもノウハウを学ぶことができます。勘所を掴むには、こうした技術や経験の積み重ねが必要でしょう。

一方で、感性の磨き方は内へ向かうものです。この本では、うまくいく人たちの周波数へ自分の感性をチューニングしていくきっかけや方法を書いていきます。

本を読む。新しい人と出会う。街中に暮らしているなら大自然に触れる機会を持つ。異文化に触れる。外部からもたらされる刺激や感覚や体験は、自分のなかの既成概念の枠を打ち破ってくれます。それがあなたの内側に新しい価値観や発想をもたらしてくれます。

実力と感性はふたつ合わさることで完成を成すものです。揺るぎない自信は人や世界をリードする力となります。日頃から感性を磨くことを意識し、恐れることなく新しいものに挑戦していきましょう。

紹介してもらう

人生がうまくいかないという人は、最初にバッドサイクルをつくっている考え方から脱却する必要があります。そして、ＬＥＶＥＬを上げながら感性を磨いていけばすべてがうまくいくグッドサイクルへと近づくことができます。

それでは、どのようにすればチャンスを掴むことができるでしょうか？

一般的に思いつくのは、取引が見込める客層へ自ら赴いたり電話やメールで接触したりする営業活動でしょう。あるいは、広告が思いつくかもしれません。

しかし、テレビ広告などは高い費用に対して効果が低いといわれています。現代では、誰もがお金をかけずにＳＮＳで情報発信できるようになったからです。スマートフォンを通して目にする広告はフォロワー数が多いほど確実な効果が見込まれます。

こうした営業活動はマニュアル化しやすく効果が可視化されており、誰でも始められるものです。「完璧を求めない」でもすでにお話ししたように、思い立ったら始めることで商品やサービスの質を高めていくことができます。

しかし、成功をすでに収めている富裕層になると、こうした行動からビジネスチャンスをつくっている人はあまり多くいません。

何故なら、彼らにとってこうした営業活動は時間とコストがかかり過ぎて、無駄だと思っているからです。

まさしく「Time is money（時は金なり）」です。同じ時間でどれほどの利益を生み出すか、その効率を考えると先ほどあげた営業活動にも限界がある上に失敗する可能性も残ります。

だからこそ、富裕層にとって重要なのが〝繋がり〟です。

〝繋がり〟とは、すなわち〝信頼のネットワーク〟です。同じ時間とコストを信頼できる人へ投資したほうが多くの利益に繋がります。

信頼は本来、時間を要するものですが、すでに信頼関係を構築している人からの紹介なら時間をかけずに等しく信頼できます。

例えば、祇園のお茶屋さんなど「一見さんお断り」のお店を想像してみてください。こうしたお店は、料金体系の都合上、信頼できる人のみをお客さんにしています。お客さんから紹介された「一見のお客さん」なら信頼できるというわけです。お店側からしても安心して商売ができますし、営業する手間も省けます。

第Ⅳ部で詳細をお伝えしますが、ONENESSではすべてが繋がっています。1枚のハンカチをつまみ上げれば当然ながらハンカチ全体も引き上げられます。

それと同じで誰かを引き上げれば、それにつられて他の人たちも引き上げられていきます。すると、スケールは一気に広がります。そのためには、次の3ステップが必要になります：①その〝信頼のネットワーク〟をすでに手にしている人から信頼してもらう、②「紹介してほしい」と素直に伝える、③紹介者とwin-win関係を築く。


前述したように自分の商品やサービスを発信していけば、自然といろんな助言や支援者が集まってきます。

目の前の課題をクリアし、あなた自身とあなたの商品・サービスのLEVELが上がっていけば、おのずと〝信頼のネットワーク〟を持つ人と出会うことができます。

その時、これまでお話ししてきたすべてをクリアしていれば、その人は必ずあなたの力を見抜きます。

「紹介してほしい」と素直に伝えれば支援してくれるでしょう。

紹介する側も責任やリスクを負うことを忘れてはいけません。力もなく成功が見込めない人を紹介したら、人を見る目がない、あるいは紹介する相手を軽んじていると評価されてしまうからです。

だからこそ、紹介してもらったからには全力で成果をだし、紹介された側を満足させる結果を生み出しましょう。そして、紹介してくれた人にはきちんとお礼をし、持続的なｗｉｎ－ｗｉｎの関係性（サスティナビリティ）を築くようにしましょう。

第Ⅱ部 うまくいく人の行動

人脈づくり

情報収集が個人のＬＥＶＥＬを上げる素振りなら、人脈づくりは仲間とともにＬＥＶＥＬを上げる練習試合のようなものです。そのため、人脈づくりでは、定期的に会うような勉強仲間が適しています。

オンラインサロンや勉強会に入れば、ＦａｃｅｂｏｏｋなどのＳＮＳで互いに情報をシェアし合い、勉強会やコミュニティのオフ会で実際に顔を合わせて意見交換しながら交流することができます。

定期的に会う場になるわけですから、スムーズな意見交換ができる仲間たちであることが大切です。第Ｉ部でお話ししたように、自分自身はもちろん、仲間も〝自分が正しい〟ことに固執せず、率直に言い合える場として、いい意味でヨコの関係性を築けます。

自由に参加できる勉強会では、さまざまなLEVELの人たちが集います。そのため、キャリアや年収、知名度などに差が出ることもありますが、物怖じすることなく自分をさらけ出し、積極的に質問したり意見を発信したりしましょう。

あなたが率先して言葉を発すれば、仲間たちも続いて場は賑わいます。あなたのダッシュ力——あえて空気を読みにいかず積極的に参加する姿勢——がコミュニティに活気を生み出し、意義ある議論や時間へと繋がるのです。

勉強会は、自分と全く異なる人生を送る人たちと出会えるチャンスに溢れています。

自分の周りを見てみると、あなたと近い存在が多いのではないでしょうか？　大学の友人は、同程度の学力で大学に入って同じことを学んだ人たちです。会社の人たちは、自然と1日の過ごし方や考え方が似てくるでしょう。価値観が違うように見える家族も、人生をともに多くを共有している間柄です。

勉強会などのコミュニティでは、言うなれば自分とは異なる配役を演じる人たちと出会うことで、異なるストーリーに触れることができます。勉強仲間との交流は、異なる生き様や感じ方を通して、今までとはまったく異なったインスピレーションをもたらしてくれます。


人脈づくりでは、自分にないものを吸収すると同時に、自身の強みも強化しましょう。あなたが他の仲間たちから刺激を受けているように、他の仲間たちもまたあなたから刺激を受けています。率先して質問したり意見を発信するリーダータイプなら、その強みをフルに生かして極めていきましょう。

場をまとめるのがうまい。熟考型で最後に貴重な意見を出す。革新的なアイデアを打ち出して空気を変えてくれる。さまざまな配役が集まるコミュニティ全体のＬＥＶＥＬを上げていけるよう、切磋琢磨しましょう。

クイックレスポンス＆ダッシュ力

みなさんは「カイロス」という名の神様をご存じでしょうか？

カイロスはギリシャ語でタイミングや瞬間など刻まれる「時」を表す言葉です。いかにもすばしっこい印象を受けますね。さらに、この神様は「前髪（チャンスの神様には前髪しかない）」しか生えていません。捕まえるには前から掴むしかなく、過ぎてからでは時すでに遅し。カイロスとはすなわち、〝チャンス〟の神様です。

第Ⅰ部でもお話ししましたが「完璧になってから腰をあげよう」では遅過ぎます。スタートに限らずすべてにダッシュ力が求められます。

「タイムイズマネー（時は金なり）」を地で行く富裕層は、返事はもちろん、行動も決断もとにかく早いです。なぜなら、〝ツキ〟はチャンスの神様と一緒だからです。

例えば、「こんな仕事があるんだけどやってみない？」と同じＬＥＶＥＬのＡさんとＢさんが声をかけられたとします。Ａさんは間髪入れずに「やります！」と答え、Ｂさんは失敗を恐れて「ちょっと考えてからお返事します」と答えました。

Ｂさんが悩んでいる間、Ａさんは仕事に取り組み始めました。声をかけた人はＡさんの挑戦を快く思い、助けになる資料や人を紹介してくれてＡさんはＬＥＶＥＬも上げることができます。ようやくＢさんが「やりたい」と決心した頃には、Ａさんは難易度がさらに高い仕事に挑戦し、仲間や評価してくれる人たちも増え、すっかり差がつき、Ｂさんにはチャンスがなくなってしまうというわけです。

迷わず挑戦し、やり切る力は、成功だけでなく信頼を勝ち取ります。

クイックレスポンスやダッシュ力は一見すると考えなしのようにも見えますが、直感力が優れているからこそ成せる業です。富裕層がブレることなく決断できるのは、感性が強いからです。感性が強いほど、より多くの、そしてより大きなチャンスを掴めます。

この世界はONENESSによって内と外は繋がっています。チャンスを信じ前進する心があれば、必ず現実世界でも大きな前進に繋がるチャンスが目の前に到来します。うまくいく人は、こうしてクイックレスポンスとダッシュ力で好循環を作り出しているのです。

何より「すぐにやる」人は誰からも好かれ、信頼されます。

迷いのないクイックレスポンスは、相手も迷わせず即決させます。例えば、クイックレスポンスができるセールスの方は、とにかく売上も高くクライアントから信頼されている方が多いです。

一方で、あなたの周りに返事が遅く、流れを止めてしまう人がいたら、その人に苛立つのではなく配役理論を思い出しましょう。自分自身を振り返ってみると、誰かへの返事をしていなかったり、どこかでアクションを止めていたりすることに気づかされるはずです。

相手に迷惑をかけないクイックレスポンスは、自分だけの時間軸から抜け出て、他者やより広大な物事の時間軸に立つ視点の修得にも繋がるのです。

情報収集

情報取集の鉄則は、何よりも「一次情報にあたること」。

ここで言う一次情報という意味は「とにかく人と会うこと」を指しています。本を読んで勉強する方も多いと思いますが、本などの二次情報（もしくは三次情報）は発信するまでに時間が経ち、情報の鮮度は高くありません。また、文字数に限りがありますから情報量も制限されてしまいます。

ネット社会が加速する今は、誰でもどこでもスマホで検索して調べ物ができるようになりました。情報がまとめられて掲載されていたり、１つのキーワードで関連した情報も集められていたりします。

しかし、こうして得た情報は三次情報（コピペにつぐコピペ）がほとんどで、そもそも間違っていたり、極端な解釈が入っていたりすることも多いのです。

ＳＮＳやＡＩ、ビッグデータで情報が収集される現代こそ、人と会って話を聴くべきです。

今ではメルマガやブログよりもＹｏｕＴｕｂｅに信頼性があるように、直接人の話を聴くほうがより早く、より多くの情報を吸収することができます。

ライブで見聞きできると、真偽を判断できるためにさらに情報の質も高くなります。インターネット上の情報は不特定多数のものですが、セミナーに行けば非公開の話を聞けたり、広範囲の話題から思いがけずに面白いネタを拾えたりすることもあります。セミナーはまさに情報の宝庫なのです。できるかぎり一流講師の周波数を浴び、非言語の情報に触れましょう。

セミナーは1回で終わるものもあれば、数回にわたって続くものもあります。質のよい情報を収集するという目的を忘れず、継続するものはすべて参加することが望ましいです。そのため、参加費を含め、無理なく続けられるように心がけましょう。

また、セミナーの後に懇親会が開かれることもしばしばあります。その場合、懇親会にも参加することをおすすめします。懇親会では、さらに人数が限られ、距離感も縮まるため、セミナーでも聞けない話を聞くこともできるからです。また、セミナーの他の参加者と親しくなることで人脈が広がり、参加者同士で情報を交換できます。

人と会って得た多くの情報は、アウトプットすることで他の人たちへシェアしましょう。情報もまたＯＮＥＮＥＳＳ、すべては繫がっています。インプットしたぶんを外へ出せば、出したぶんだけ新たな情報が飛び込んできます。うまくいく人は情報が回り続けるサイクルを持っています。人と繫がり、常に最新の情報を持ち、優れた直感と行動に結びつけましょう。

丁寧な対応

この世界は、計り知れないほど広大で多くの命や物事は繋がり合っています。私たちが認知できるのはほんの一握りで、すべてを把握することは不可能です。だからこそ、目の前にある存在には、等しく接するべきです。

名前も知らない子どもたちと世間に名の知られた偉人を区別せず、同じ態度で向き合うことが求められます。なぜなら、そこにあなたの人間としての品格が表れているからです。その振る舞いや言動の一つひとつから〝自分〟という人間が築かれ、完成されます。

多くの人たちから尊敬されている富裕層は、誰に対しても等しく接します。どれほど身分が高い人に対しても、自身の尊厳を忘れません。同様に街角に住む路上人に対してもです。そのような態度を見ると、感動的ですらあります。
しかし、世のなかの多くの人々は、これとは真逆の態度をとっています。相手によってコロコロと態度を変える人は、やがて評判を落とし、態度よく接していた相手からも信頼を失います。品位は立場ではなく、人格に宿るのです。

SNSで世界中の人が時間や場所を越えて繋がる現代は、それこそ誰がどこで見ているかわからず、露呈したことが拡散されやすい時代となりました。だからこそ、裏表がないことは、信頼と好感へと繋がります。言っていることとやっていることがチグハグな人は信用ならず、敬遠されるのはとても自然なことです。

ONENESSにおいて「物事に上下」はありません。「よい／悪い」や「好き／嫌い」といった価値の優劣も存在しないのです。
言い換えれば、社会的に身分や立場の上下が決められていても、それは〝配役〟に過ぎず、人格や品位の高さとはイコールではありません。どのような仕事も欠かすことのできないもので感謝や礼儀を尽くす対象です。

注文をとる店員やレジのスタッフに対して、あなたはどのような態度をとっているでしょうか？

会社や出先のビルに入ったトイレの清掃スタッフを見かけてお礼を伝えることはありますか？

自分の日々の仕事に笑顔で「ありがとうございます」と声をかけられたら嬉しいはずです。上司や部下、同僚、あるいはクライアントに仕事を評価されると励みになるでしょう。自分がしてもらって嬉しい振る舞いをどんな相手にも心がけるようにしましょう。

誰に対しても丁寧な対応をとる。

多くの親が子どもに教えることだろうと思います。それほど、誰もがわかりきっていることですが、難しいことなのです。

当たり前でシンプルな行為には、深い真理が隠されているのです。

だからこそ、日々のなかで心がけていけば、それは必ずあなたの品位となり、このすべてが繋がっている世界であなたが誰かにかけた感謝や好意が必ず戻ってくるでしょう。

相手の好きなことをキャッチする

好きなものは、人に活力を与えます。

緊張している人や消極的な態度の人でも、好きなものに対しては態度が和らぎ、積極的に会話に参加してくれます。好きなものに関心を示して寄り添うだけでも、相手は親密さを感じ取ります。

互いに好意をもった関係性は、互いによりよいものをもたらし、引き上げ合おうとする関係性へ発展します。そのため、自分のＬＥＶＥＬを引き上げてくれる人や、ＬＥＶＥＬを引き上げたい人の好きなことをキャッチすることは大切なのです。

相手の好きなことを知るには、４つの基本があります。

1つめは、相手の話によく出てくるキーワードを発見することです。人は、好きなものについてはよく知っています。自分の趣味などで語ることができるテーマを話すことはよくあります。そのため、度々登場するキーワードがあれば、それは相手の好きなものである可能性も高いのです。

好きなものの話をすると、物静かに見える人でも話が盛り上がります。声のトーンは上がり、明るく張りのあるものに変わり、よどみなく話すものです。

2つめは、相手がお金を使っていることについて知ることです。定期的に買い替えたり、出費の計画を立てたりすることは好きなものでなければ煩わしいだけです。ですが、好きなことに対しては、誰しも惜しみなくお金を出すものです。

3つめは、相手が時間を使っていることについて知ることです。

お金と等しく大事なのは時間です。好きでもないことに時間を割くのは決して楽しくはありません。例えば、月に2度はヘアーサロンとエステへ、毎週ネイルサロンに通う方なら美容への関心が高く、自分磨きが好きだということがわかります。

そして最後は、相手の空間を占めているモノやコトです。

料理が好きな人のキッチンは、使いやすい配置で調理器具が並べられ、珍しい調味料が揃っていたりします。料理が映えるお皿も集めている人も多いかもしれません。本好きなら本棚が大きく、本が溢れんばかりに家中にあるでしょう。

相手の好きなことに触れることは、自分のなかで固定的な枠を外すきっかけにもなります。何に魅力を感じてよしとするかは人それぞれです。だからこそ、自分にはない感性に触れることは新たなインスピレーションを導き出してくれます。

新しいよい人と巡り合うサイクルをつくり、好きなことを通して好循環を加速させましょう。

徹底して調べる

「金は天下の回りもの」は誰もが知っていることわざです。

お金もまた、ＯＮＥＮＥＳＳと同じで繋がり、ひとつの世界のなかをめぐっているものです。自分の手元にあるお金を使うと、目の前から消えるようですが、そのお金は誰かの手に渡っています。

例えば、あなたの友人がエコロジーを考えて起業することになり、あなたも投資というかたちで友人を援助しました。その結果、友人の事業は成功しました。あなたの投資金そのものは、あなたの手を離れて友人の会社のものとなりましたが、投資から生まれた利益という新たなお金があなたの手に渡ってきました。

しかし、それだけではありません。あなたの手を離れたお金は、社会的意義へと姿を変え、世のなかにインパクトを与えたのです。

だからこそ、お金を動かす際は、徹底的にお金の流れを調べましょう。

たとえ、直接的に話を聞いた一次情報だとしても、慎重にその情報を精査する必要があります。とくにお金儲けや利益を生み出す話は、慎重に。どんな人物とお金が関わっているのか、自分のお金が何に姿を変えていくのかを想像してみましょう。

お金を払って何かを得る行為は、虫の視点からすると等価のものが交換されるだけに見えます。

しかし、より高い視点から見ると、その行為から社会的影響を生み出しているとわかります。知らずに出したお金、あるいは受け取ったお金が、詐欺や社会悪に加担している組織と関わるものだったら……。あなたに法的罪がなかったとしても、あなたのお金は社会にとって悪循環に投入されてしまいます。やがてあなたに戻ってくるお金やお金に繋がる経験も、この負のスパイラルに繋がってしまう可能性があるのです。

世界は今〝SDGs〟を目標に動いています。

〝SDGs〟とは2015年9月の国連サミットで加盟国のすべてが目標とするものとして採択された「Sustainable Development Goals（持続可能な開発目標）」の略称です。このSDGsには17の目標の総称で、あらゆる人が安心して安全に幸福に暮らせることを最大の目的とし、環境問題への取り組みや平等と幸福に基づいた社会づくりを描いています。

ONENESSからもわかるように、私たちは繋がり合った存在です。

自分さえよい結果を得られればいいという自己都合のままでは、高い次元へ進むことはできません。

繋がり合っている人と世界のためにお金を動かしましょう。国際人としてお金の流れを俯瞰し、好循環の流れにお金を乗せるためにも、何にお金が使われるか？　という視点で徹底的に調べてみましょう。

瞑想する

アップル社の創設者である故スティーブ・ジョブズや、常に世界の長者番付でトップランクにいるマイクロソフト社のビル・ゲイツをはじめ、多くの成功者は瞑想を実践しています。

瞑想によって心と体をリセットし、自身のポテンシャルをより引き出すことによってクリエイティブな仕事を達成できることを富裕層たちは知っているのです。

クイックレスポンスとダッシュ力を心がけ、挑戦し続ける活力は、同じく活力溢れる人や物事を惹きつけます。忙しくなってくると煩雑な状態に思考も体も追いつかなくなり、コントロールできなくなってストレスを感じてしまうものです。

だからこそ、多忙な人ほど、1日に10分程度でも瞑想の時間を持ち続けて、習慣化することをおすすめします。

「瞑想」というと僧侶や修行を行った人たちにしかできないものと思う方もいらっしゃるでしょう。ですが、あることに集中すれば瞑想の効果をすぐに実感できます。それが呼吸法です。吸って、吐く。生きている人なら誰でもしている呼吸、そこにただ一点集中することができればよいのです。

瞑想は、内側を鎮めるためのものです。

毎日5分で簡単にできる方法を1つご紹介します。

ナディ・ショーダナ呼吸法（5分）

いわゆる片鼻呼吸と呼ばれるもので心身をリラックスさせてくれます。鼻の左穴で呼吸をすると右脳が、右穴で呼吸をする左脳が活性化されます。右脳は穏やかさをもたらし、左脳は活発さをもたらします。陰陽のバランスを整えるナディ・ショーダナ呼吸が最も深い瞑想に入りやすいです。時間がない時は、これを5分だけでもやりましょう。


雑然とした思考が止まる。感情の波がひく。瞑想のゴールはそこです。

自分の内側、つまり心が整うと、外の現実はすぐに整います。ONENESSによって世界とあなたは繋がっています。

現実世界であなたのまわりが乱雑な状態なのは、あなたの心が落ち着きのない状態だから。心を鎮めれば、現実世界で滞っているものもスムーズに片づき、流れるようにうまくいきます。その他の瞑想法について知りたい方は巻末のコラムを参照してください。

ナディ・ショーダナ呼吸法のやり方

①右脳を活性化させ、〝陰〟を生み出す

・人差し指で眉間を押さえる
・親指で鼻の右の穴を閉じ、左の穴から息を吸う
・親指を離して薬指で左穴を閉じ、右穴から息をゆっくりと吐く。吸う時より長い時間をかけるように意識する

②左脳を活性化させ、〝陽〟を生み出す

・薬指で左穴を閉じたまま、右鼻から息を吸う
・薬指を離して親指で右鼻を閉じ、左鼻から息をゆっくりと吐く

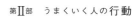

他者を引き上げることで自分を引き上げる

何かを極めたいのであれば、自身の能力を鍛えることが大切です。LEVEL上げには、自分で勉強したり鍛錬を重ねたりするいわば〝素振り（基礎トレーニング）〟も大切ですが、それにも限界があります。

他人より先んじるためには、仲間と切磋琢磨することで多角的に効果をもたらす〝合同練習〟や〝練習試合〟に加わることです。

あなたがある程度のLEVELに達すると、その上へ自分を引き上げてくれる人が目の前に登場します。配役理論でいえば、あなたに転機をもたらす配役ですね。大きくLEVEL上げできるステージです。

そのため、あなたにお願い事をしたり、相談をしてきたりする人がいれば快く引き受け、問題がクリアになり夢が叶うまで親身につき添いましょう。家族や同僚など、身近な存在はとくに互いに引き上げる間柄になることができます。

他者を引き上げることは、自分を引き上げることとイコールです。

新たな視点が持ち込まれ、あなたの固定観念や枠は取り外され、視野が広がります。相手のＬＥＶＥＬ上げが達成されれば、同じだけあなたもステップアップしていきます。

だからこそ、対価を求める気持ちはいりません。辛抱強く相手を引き上げることに専念しましょう。

あなたの目の前に現れた人は、あなたを高みに引き上げる配役だとしたら、時にはあなたを困らせたり、あなたの言うことをすぐには聞かなかったりすることもあります。しかし、たとえ厳しい言葉でもあなたの本心からの言葉なら、相手の心に届いて動かすことができます。

弱い気持ちになって挫けそうになっても、叱咤激励してくれる人がそばにいたら心強いです。信じて前へ進むことができれば、必ずLEVELアップは叶います。あなたがそのように誰かを引き上げる役割を果たせば、必ずあなたにも同じように引き上げてくれる役割の人がそばにいてくれます。

相手に信頼を与え、自信をもって前に進ませる。

そのためには必ずしも気の利いた助言である必要はありません。何気ない話も含めて聞いてみる。「相手の好きなことをキャッチする」でもお伝えしたように、好きなものに共感することで活力を与えるのもよいでしょう。自分の力を貸すことで他者やコミュニティを引き上げることができたら、あなたの足もとはぐんと高くなります。だからこそ、身近な人や頼ってくる人を大切にしましょう。

細かく報告相談&こまめな連絡

新入社員が最初に教えられる「ホウレンソウ＝報告・連絡・相談」は、実はとても重要な習慣のひとつです。

部下が「忙しい上司を煩わせてはいけないから、連絡は最低限にしておこう」と配慮した結果、大きなトラブルを招いてしまうケースは少なくありません。そのため、細やかな報告や相談はトラブルを防ぐためにも必要です。

実は、こうした消極的な理由に限らず、ホウレンソウはチャンスをつくり出すうえでも有効です。

うまくいく人は、多くの人たちと繋がりを持つ人です。人と出会って情報収集したり、紹介を通して新たなビジネスを生み出したりし、互いにより高いLEVELへと引き上げる関係性を築きあげています。

そのため、影響力を持つ人ほど繋がりの数は大きくなります。そうした人が「この仕事を頼めるのは誰だろう?」「この相談は誰にお願いしたいか?」と考えた際、すぐに顔が思い浮かぶ相手はどんな人でしょうか?

それが、頻繁に連絡をとりあい、こまめに連絡してくれる相手です。

例えば、あなたのメールを開いてみてください。

仕事のアドレス帳にはたいてい数百もの連絡先が入っているでしょう。しかし、受信ボックスからすぐに返信できる人は一握りのはずです。アドレス帳を眺めながら考えるよりも、日々のなかで意識に止まっている人に話が振りやすいのは自然なことです。

会う回数が増えるほど親しくなるように、こまめに連絡をくれる人には好意的になるものです。

また、事前にやりたいことを報告したり、探しているものを相談したりすれば、他の人が「そういえば、あの人がやりたいと言っていたな」「探していたな」と代わりにチャンスを掴んで持ってきてくれるようになります。

頼み事でなくても、相手を気にかけたり、相手にとってプラスとなる情報を伝える連絡をこまめにすれば、あなたの好意を受けて同じように連絡をしてくれるようになると、互いに好循環を生み出すやりとりができます。


それは反対のことも言えるということです。

もし、あなたに連絡を待たせている人がいるとしたら、配役理論で言えば、それは「あなたが別の誰かを待たせている」ことを告げる配役として登場したと言えます。

だからこそ、自分から連絡するという習慣が大切です。そうして、多くの人たちとコンタクトし、チャンスが常に入り込む状態でいましょう。

真心を伝える

次へ進むために何かを手放さなければならない。新たなものに挑戦しなければいけない。そんな時、人は不安を感じて一歩を踏み出せないことは多くあります。

その背中を押してあげられるのは、心から信頼できる人だけです。「この人の言葉なら信じられる。勇気を出してやってみよう」と思えるのは、真心を込めて尽くしてくれる存在だからです。

母親は、赤ん坊が泣くとすぐに駆けつけます。そんなふうに何よりも最優先で尽くしてくれる人がそばにいてくれたら、安心して前に進むことができますよね。失敗しても立ち上がることもできるでしょう。

〝真心を込めて尽くす〟とは、まさに無条件で我が子を愛する母親のように利己を捨て、相手を自分のこと以上に思うことなのです。

例えば、あなたは周囲の人から相談を受けた時は、どのように答えていますか？ 解決策を考えて伝えても、納得しない様子で自分の助言を聞き入れてもらえない経験がきっとあるはずです。

それは、あなたが相手に〝応える〟ことをしていないからです。相談内容に答えを出すだけなら聞くほうも答えるほうも誰だってよいはずです。本当に求めているものに応えることができなければ、相手の心の琴線に触れることはできません。

「妻の相談に乗っても文句しか言われない」とよく愚痴をこぼす男性がいます。話を聞いてみると、スマホをいじりながら話半分に聞き、合理的に考えられる答えだけを伝えているようです。

真剣に聞いてくれなければ、正論を言われてもちっとも正しくは思えないでしょう。スマホを置き、目を見て話を聞き、頷く。話を親身に聞いてもらえるだけでも、不安が薄まり安心することができます。

男性からの相談も同じです。自分の答えに自信がなくて相談している時、曖昧な態度で自分の考えを強く押し出せない人はいます。

そのため、話を聞いて真意を汲み取ってあげるだけでも、自信を持たせることができます。「後輩からの相談によい答えを伝えたのに、自分の言うことを聞かないのはなぜだろう」と不思議がる人は、相手の言葉を受け止めてないからなのです。

人の本音がわからない人は、自分の本音がわからない人です。

子どもの頃は自分のやりたいことがわかっていたかもしれません。しかし、親の期待や社会の常識というOSがインストールされることで、自分にウソをつくようになり、やがて心の声が聞こえなくなってしまったのです。

そんな人は、他人を応援してみましょう。

話を聞き、やりたいことを支援し、時には親のように叱咤激励して全身全力でサポートするのです。すると、やりたいことを持って真っ直ぐに向かう人の輝きが見えてきます。そうなれば、おのずと自分のやりたいことがわかるようになるでしょう。

すべては繋がっています。これがＯＮＥＮＥＳＳの真骨頂です。自分の内にあるズレを直せば、自分の心の声も、他人の心の声もわかるようになるのです。

とにかく前進する

どんな偉人でも、そのサクセス・ストーリーには紆余曲折が描かれています。より高い山を登らなければ広大な景色を見渡すことができないように、試練が大きいほど人はより高い次元へと成長することができます。

そうは言っても、苦労することを知りながら前に進める人はなかなかいません。停滞していることに気づいていても動く気になれない。緩い下り坂を転がり始めていても楽なほうへと流されてしまう。

しかし、虫の視点を離れてより高い次元から世界を見れば、物事は個人の意思に関わらず繋がりあって進んでいくものです。そのため、あなたが立ち止まれば、あなたを前へと押し出す力が働きます。

今やっている仕事に限界を感じているが、何を始めたらいいかわからず悩んでいたら、転職のスカウトの連絡が入る、あるいは新規事業を始めることになった知人に声をかけられる。

そんな新しい出会いによって前に進むこともありますが、実は、予期せぬ人の思いがけない言葉が重要な助言になることは多くあります。

普段は他愛のない話しかしない友人の一言や喫茶店での何気ない会話の一言かもしれません。あなたの人生の転機を運ぶ言葉は、場所や人にこだわることなく必ずあなたに届けられるものです。

〝虫の知らせ〟や〝第六感〟と呼ばれるような出来事を経験したことがある人は世界中にいます。アクシデントが起きて飛行機に乗り遅れたらその便が事故に遭った。ふと嫌な気がして遠回りしたら普段の通り道で事件が起きた。もし、こうしたサインを見逃したり真に受けたりしていなければ運命は大きく変わっていたでしょう。

実は、あなたの人生を左右するサインは日頃からあなたのそばにあります。

自分の周囲の情報をキャッチしていく感覚を磨くには、自分の考えにとらわれることなくオープンになることです。

自分をがんじがらめにしているのはすべて自分の思考です。他者の視点に立てば情報が入ってきて前に進めるようになるのです。ビジネスの世界で「顧客視点」が大切だと言われるのも、自分以外の視点をもうけることで素直な情報が入ってくるため、改善に繋がるのです。


孤独や失敗をものともせず前進し、人との出会いを大切にする人はチャンスの神様に愛される人です。だからこそ、とにかく前進することが何よりも大切だと言えます。

自分の人生を変えたいなら、行動あるのみ。その行動力は、自分の殻を突き破って世界を受け入れる強さになります。

言い訳しない

ミスややるべきことをしなかったことを責められた時、つい言い訳をしていませんか？

「怒られたくない」「自分は間違ってない」という気持ちもあるかもしれません。しかし、潔く自分の非を認め、すぐに謝罪し、失ったものを取り戻すよう行動しましょう。言い訳は何も生まれません。

言い訳は、時を止める行為です。

回っている歯車に石が挟まると、その周辺の歯車も動かなくなってしまいます。言い訳をすることで次なる行動を決めずにいると、他の人たちの行動も決めることができず、全体も止まってしまうのです。周囲に迷惑をかけるだけでなく、物事が停滞するとチャンスもやってこなくなるのですから、自分にとっても何も得はありません。

前節では、迷わず挑戦してやりきる力、つまりクイックレスポンスとダッシュ力が大きなチャンスに繋がるお話をしましたね。

言い訳は、このクイックレスポンスとダッシュ力を邪魔してしまいます。チャンスの神様を捕まえるのはおろか、チャンスが近寄ってこなくなってしまいます。言い訳にかける時間を行動に変えれば、その何倍ものの成果を生み出せます。

また、第I部でお話ししたような〝自分の正しさ〟に固執する人もまた、言い訳をして時を止めてしまいがちです。

一見すると非合理的な仕事が回ってきた時に文句を言って何もしない人と快く承諾して仕事をする人とでは、次に大きなチャンスとなる仕事を任せたいと思えるのはどちらでしょうか？

言い訳ばかりで何もしない人は信用できませんし、その人のために何かしてあげようとは誰も思いません。荷が重い案件でも軽やかに引き受けて結果を出してくれる人なら、どんなことも安心して頼めます。

言い訳は自分の評価を下げるだけでなく、ツキも逃す行為だと肝に銘じ、自分も周囲も気持ちよく進んでいけるように振る舞いましょう。

頼まれ事は快く引き受ける

頼まれ事を快く引き受け、成果を出す人は大出世します。

御用達のように頼まれ事ばかりされていたような人が役員になっているケースは少なくありません。頼まれ事を叶えることができるのは仕事ができる何よりの証拠になり、信頼も得ます。

また、多くの情報が入るようになり、チャンスも引き寄せられるようになります。

実は、**頼まれ事をこなせる人は総じて頼み事もうまい人が多かったりします。**

外では目上の人に言い訳せずよい顔をする人でも、家に帰ると言い訳ばかりで何もしなくなる人はたくさんいます。

同じように大出世しているかというと怪しいものです。人はよく見ているもので、裏表があることは外でもバレているからです。

こうした人は、相手の社会的地位に応じて態度を変え、頼まれ事も選別していることがしばしばあります。成果はまちまちで、自分が頼み事をする側になった時には協力してくれない人が出てきたりと、うまくいかない場面にしばしば出くわします。

家族の頼み事は、優先度が低く、「忙しいから」と後回しになるのはしかたないと感じる人もいるでしょうが、私は「Yes, my lord（御意）」と答えています。「my lord」とは〝我が主〟という意味。神や主人に言い訳をしないように、家族も含めて他人から頼まれ事をされれば素直に引き受けています。

どんな理由があるにせよ、頼み事を断られると寂しいものです。仕事と違い、利害が生じない親密な関係性ほど、些細に見える頼まれ事でも大事にしなければ、あっという間に揺らいでしまいます。

また、頼まれ事は頼み事とセットです。

誰かから頼まれ事を受ける場面があるということは、自分が誰かに頼み事をする場面がやってくるということ。他人が頼みたいことに難色を示す人は、言うまでもなく自分が頼み事をする立場になった時にうまくいきません。それが因果応報、世の理《ことわり》というものです。

最近は「他人に頼むことができない」と言う人も増えてきたようです。

それでは、できることが限られてしまいます。自分の力を1だとして10のタスクを抱えていたら、それぞれに10分の1程度の力しか使えず、それ以上のことはできません。しかし、他人の協力を得られれば100や200の仕事ができるようになります。

〝頼み事〟は人と人との関係を示すもので、繋がり合うことなのです。

他人に頼み事ができない人は、他人を信用していないということ。
何を考えているかわからない人は、その人自身も周囲から信用されていないのです。頼まれ事もされないということは孤立した状態で、うまくいくサイクルに入ることもできません。

頼まれ事をされるというのは、どんな些細な内容であれ、信頼を得ている証であり名誉なことで、実はすごいことです。**頼み・頼まれることを繰り返すと、ＬＥＶＥＬは飛躍的に上がっていきます。**

是非みなさまも「Yes, my lord」の精神で頼まれ事を快く引き受けてみてください。自然とチャンスが集まってくるようになりますよ。

よく眠る

富裕層の多くは、規則正しい生活を心がけ、しっかりと睡眠時間をとっています。睡眠の質が悪いと頭が働かず疲れやすくなり、パフォーマンスが落ちます。寝不足で疲れきっているようでは、運も人も引き寄せることはできません。

パフォーマンスは実力に基づくものです。そのため、頭と体がクリアになった状態が望ましいわけですが、これまでもお話ししてきたように、勝負どころで勝ちを掴みとるには感性も重要になってきます。

この感性は、いわば心の奥にある潜在意識にあります。寝不足で体調不良だと、目の前の視界に霞がかかってしまい、うまく対処できません。眠るとリセットされ、霞を消し去ることができます。

この霞は、疲労や雑念、抜け出せなくなった感情の渦などです。睡眠中の脳はゴミを処理することで脳細胞が活発に働けるように整理しているといわれるように、眠りは心に溜まった余計なものを取り除いてくれます。

眠れない夜もありますが、ショックを受けるほど悲しい思いや辛い思いをすると人はよく眠るようになります。傷ついた心を癒し、リセットしようとするのです。「不貞寝する」とも言いますが、まさしく不貞寝は効果的で、嫌なことがあった時は素直に寝てしまえばよいのです。すべてをリセットし、うまくいくように整えてくれます。

意識がある時、私たちはあれこれ考え、思い悩んだりします。

その多くの中心にあるのは〝自我〟で、自分の都合をめぐる考えです。簡単に言ってしまえば〝欲〟があるために思い悩むわけです。

しかし、睡眠中は意識を手放すことで〝欲〟から解放されます。例えば、現実世界ではストレスと闘いながら頑張っていても、何かに追われる怖い夢を見ることがしばしばあるのは、夢のなかの自分は無防備で素直だからです。

夢の世界では現実よりも美しい風景が見えたりすることもありますよね。これは、私たちが潜在意識にアクセスできている証拠です。

睡眠不足は何も解決してくれません。

それは最悪の状況にいるというシグナルです。眠れないほどすべてを抱えているのなら、まずはよく眠れるようになってください。

ぐっすり眠るとは〝手放す力〟を持つこと。自分の内側が整えば、自然とあなたの外側にある現実世界も整いますよ。安心して眠ってください。

味方を増やす

少年漫画やヒーロー映画では、力を持つ主人公も持たない主人公も異なる力や魅力を持つ仲間を得て最大の敵に立ち向かいます。これはフィクションの世界に限った話ではありません。例えば、世界的に影響力をもつ人たちには起業家が多数います。イーロン・マスクをはじめ、起業家本人も優れた才覚を持ちますが、たった一人では新しいサービスを普及させたり、革新的なものをこの世に生み出したりすることはできません。

開発に関わるエンジニアやチーム、支援者を見つけ出す広報、組織を維持する運営スタッフなど、起業家にはない能力を持った人たちが力を結束することで成果は生み出されるのです。

どんなに優れた人でも、たった一人の力では限界があります。

しかし、仲間が増えれば総力は数倍にも数百倍にも跳ね上がり、大志を遂げることは可能なのです。

例えば、足軽の子に過ぎなかった豊臣秀吉は、〝人たらし〟で有名でした。感情の起伏が激しく恐れられた信長に可愛がられ、どんな人でも味方にしてしまう才能がありました。

信長は秀吉の他に優秀な部下である明智光秀も重用していましたが、その光秀に討たれてしまいます。もし、謀反の後に光秀が周囲から認められていれば秀吉ではなく光秀が天下人になっていたでしょう。信長の敵をねじ伏せるやり方でも、光秀の上司を討ち倒すやり方でも通用しない天下統一を成し遂げたのは、秀吉でした。

難しい人物も味方に変え、運をも引き寄せる秀吉の強さは、現代の富裕層の人たちがもつ強さと似ているかもしれませんね。

第Ⅰ部の「紹介してもらう」でもお話ししましたが、味方ができれば、その人物が味方を増やしてくれます。だからこそ、紹介してもらえるような人物になる努力は常にしましょう。

紹介してくれる人の信頼を裏切らない人格と力を持つためには、日頃から他人の悪口などは言わず、人によって態度を変えたりせず、そして声をかけられたらすぐに動けるように準備しておくことです。

人は弱い生き物です。自分よりも立場や外見が劣っている人、周囲から好感を持たれていない人を悪びれずに蔑ろにする人は多くいます。

しかし、不遇の人が後から大出世したり、実は縁の下の力持ちで優秀だったりすることもよくあることなのです。どんな人であろうと差別することなく仲間を大切にしていれば、それは千載一遇をもたらす大きな力となるでしょう。

信頼される

仕事で信頼されている人は、必ず納期や時間を守っています。時間厳守は最低限のマナーだと、新入社員は上司に言われますが、実際には守らない人が多くいます。

待ち合わせに遅刻する、締切に遅れる。結果よければすべてよしと思っていたとしても、「あの人は時間にルーズだから他のこともルーズだ」と他の評判も一緒に落としてしまいます。

信頼に欠ける人とは、自分本位な人がほとんどです。

時間を守らないのは、相手の時間を考えず、自分の時間だけしか意識していないからですよね。また、頼まれ事をやっつけ仕事で済ませるとすぐにバレます。周りを出し抜いて自分の都合を通し、自己利益を優先するような人も信用なりません。

これまでもお伝えしたように、真心を伝えれば人は心を動かします。〝信頼される〟とは、他者の視点に立ち、その人を導くことでもあります。相手のLEVELにあわせてあげられることが親切さです。相手の歩調に合わせてその手を引きながらゴールに辿り着くことで心から信頼を勝ち取ることができます。

信頼できる上司とできない上司の違いのひとつは、指示のしかたです。「XX日までにこれをあげといて」という指示ひとつだけでは、頼まれたことをしても間違える可能性もありますし、求められた範囲のことしかできません。「〇〇日にメディア向けの発表会があって、XXをターゲットに△△ができることを主題にした資料を制作しています。そのためには、こういった資料が必要になるので、あなたにはそのうちの◇◇を担当していただけたらと思います。2年前にも似た発表会があって、その時に使った資料がサーバーのフォルダに入っているのでそれを参考にしてみてください」と説明してから仕事をふられれば、仕事の目的がわかります。

十分すぎるほど説明を受ければ間違えるリスクも減り、さらに意図を理解しているので求められた範囲以上の仕事もできます。

高い成果に評価が上がれば、仕事を受けた側も自信がつき、指示のうまい上司からの仕事を積極的に引き受けたいと考えるようになります。

これは仕事に限った話ではありません。

私は何かを説明した後に「わかりましたか？」と確認します。「わかった」と返ってきても様子からすぐに理解にまで至らなかったことを察し、言い方を変え、違う側面から説明を重ねるようにしています。相談を聞いてその人の本心を引き出す際も同じですが、理解しているか否かを本人が気づかないことはよくあります。理解するとその人の目は輝き、次の行動へと繋がっていきます。

マナーをもって接する。親切にする。わかりやすく伝える。丁寧であることは、相手が動けるようにしてあげることであり、相手を引き上げることに繋がります。信頼関係はそうして築かれ、深まるのです。

時間の使い方を工夫する

ＬＥＶＥＬを高め、配役理論によって感情を整え、ＯＮＥＮＥＳＳを理解することで視点を高め視野を広げる。

これまでお話ししてきた好循環を生み出す考え方や習慣を頑張って身につけると、成功への道に最短距離で近づいてきます。そうなった時、富裕層の人たちと同じように何よりも時間が大切だと身に染みて感じるようになるでしょう。

第Ⅱ部のまとめとして、時間の使い方の工夫についてお話しします。

クイックレスポンスとダッシュ力で加速するほど、チャンスと成功のエッセンスは凝縮していきます。

そのためには、1日のはじまりに、やることを紙に書き出してリストをつくりましょう。タスクを行うたびに消していくことで、素早く次の行動をとれ、忘れたりやり残したりすることもありません。達成すれば信頼も得られます。

好循環を加速させてより高い次元へ上がっていくためには、他人の力を借りることも大切です。

信頼できる人に協力してもらうことはもちろん、外部委託できる仕事は外へ発注することも大事です。今では、インターネット上で簡単にアウトソーシングできるようになりました。

お金は取り戻せますが、時間は取り戻せません。仕事と引き換えに誰かにお金を入れれば、あなたにも仕事とお金が入ってきます。だからこそ、お金で解決できる仕事はお金を使って時間を短縮しましょう。

また、すでに成功しているパターンを取り入れることも同様に大切です。成功している人や売れているお店は、うまくいく仕組みを持っています。成功している会社の広告パターンを分析して取り入れた結果、売上が上がる。営業成績のよいセールスパーソンの仕事のしかたを真似してみると成績が上がる。こうした話は何も不思議なことではありません。

だからこそ、企業研究や分析はもちろん、成功している人の話を聞くためにセミナーへ参加することは大切です。

「チャンスを得るために人脈をつくりましょう」とお話ししましたが、この人脈もまたONENESSで繋がっています。

つまり、自分もまた仕事やチャンスを紹介する立場になります。やがて仕事を任せる側になれば、人脈を有効に活用し、一緒にLEVELを上げた仲間たちの協力を得ることで、効率や生産性を上げるだけでなく周囲を引き上げることにもなります。

ＬＥＶＥＬが上がると、人は満足して向上心を忘れてしまいがちです。

努力をやめると傲慢になったり、状況が悪くなると途端にパニックになって正しい行動がとれなくなったりと、元の木阿弥です。

夢を叶え、成功者の一人になったと思う時ほど謙虚に、より高みを目指してください。

ONNESS
配役理論
LEVEL

第Ⅲ部

うまくいく人の習慣

自分の強みをよく知り、発信し続ける

パワースポット巡りをしたり、ブレスレットや念珠を身につけたりすることで、モノからパワーを得ようとする方は多くいます。それによって不安から逃れたり、パワーを得ることはあるのでしょう。ただし、そういったモノなどに頼る方法よりも、自分自身の〝力〟を取り戻し、強化していくほうが確実に成長でき、成果へと繋がります。さらに、自身の力を最大限に引き出す習慣をもてば、好循環を生むことができます。

第Ⅱ部で「相手の好きなことをキャッチすれば、その人の活力を引き出せる」とお話ししました。それは自分自身にもあてはまります。得意なことや好きなことは、あなたの活力源であり、〝強み〟なのです。例えば、筋トレが好きな人は日々の筋トレを欠かすことはありません。それぞれの筋肉の部位について勉強し、どんな動きをすればダイレクトにその部位を鍛えられるかを知っています。また、その効果を高めるために、適切な食事はもちろん、サプリメントやプロテイン、あるいは使用する道具や機材についても詳しくなるでしょう。〝好き〟を突きつめていくことはLEVEL上げと一緒です。LEVEL上げを考えている人にとって〝好き〟を極めたあなたの存在価値は高いものになります。

得意なものがなく「自分に取り柄はない」と思っている方は、まずは自分を棚卸ししてみましょう。好きなものは何ですか？　読書やゲーム、カメラや映画鑑賞でもかまいません。では、そのなかでどんなジャンルが好きでしょうか？　ヨーガ・エクササイズ、オンラインRPGゲームの裏技探し、風景写真の山、ホラー映画……など、自身の「好き」を掘り下げていくことができます。そうやって掘り下げた先にあるあなたの〝強み〟を見つけたら、情報発信してみましょう。すると、あなた自身の配役が変化したことで、あなたを巡る環境も変化します。

例えば、筋トレ方法やそれを補強する食事や道具について、SNSで情報発信し続ければ、自然と交流がうまれます。そして、質問なども含めたやりとりが増えていくうちにコラボイベントやビジネスの話がくるなど、他の強みをもった人たちと繋がることで、自分の世界に留まることなく上の次元へと飛び出すことができます。

何よりも大切なのは、自分の〝強み〟は「苦もなくできること」という点。「継続は力なり」と言うように、まさしく好きで続けていけることが大切です。注目度が高いからと好きでもないことで無理にコンテンツをつくり出しても、続けられなければ、多くの人を引き寄せるものにはなりません。意外にも、自分の〝強み〟は自覚しづらいもので他人のほうがよく知っていたりするものです。自分の〝強み〟がわからない人は、周囲に聞いてみましょう。

自分の〝力〟を取り戻せると（つまり、好きなモノやコトに集中していると）、ONENESSから大きなパワーを得られるのです。

相手をよく知る

世のなかには、自分とは異なる価値観や考え方をする人が多くいます。配役理論では、あなたの周囲には、必ずあなたと対をなす価値観の配役を演じる人がいます。例えば、もしあなたが行動の早い人なら、同僚や家族に行動の遅い人が必ず存在します。

自分と関わりのある人が自分の望むように動いてくれないと、つい苛立ったりするものです。しかし、怒ったりしたところで関係性を悪化させるだけで何も解決されません。虫の視点から脱し、この現実世界を俯瞰して相手をよく知ることが大事です。

〝自分が正しい〟という思い込みは、他者を見る目を曇らせてしまいます。人は自分の都合で動く生き物ですから、あなたにはあなたの考えがあるように、相手にも相手の考えがあっての行動です。例えば、家族に家事を頼んでも一向にやる気配がなく、つい怒ってしまう。でも相手には優先順位があるだけで、最終的には必ず家事をやってくれると知っていれば、怒る必要はないのです。そうすれば、家族同士で喧嘩をせずに済みますし、関係性が良好なら他のことも手伝ってくれたりするものです。

すべてが繋がっているONENESSでは「好き」「嫌い」といった価値観はありません。そのことを知っていれば、感情に左右されることなく常にフラットな状態でいることができ、いろんな人やモノを味方につけることで、さらなる高みへの跳躍が可能になります。

相手を知り、その人を受け入れると、すべてがうまく回り出します。

誰かを嫌えば、あなたも誰かに嫌われます。反発すれば負のエネルギーしか生み出せません。負の感情を向けられれば、そのぶんだけ自分が本来持っている力を削がれてしまいます。相手の存在を受け入れることができれば、その人の力も自分の力にすることができるのです。

とはいえ、人に腹を立てたり嫌ったりせずにいることは大変難しいことです。だからこそ、あなたの心がフラットになるまで、あなたの前には価値観を異にする人が常に登場し続けます。苦手な人があなたの目の前に居続けるのは、あなたの器を広げるための試練でもあるわけです。だからこそ、感情に左右されることなく、相手の配役を見極めてつき合うことが大切になります。

人がどのような配役を演じているかは意識する必要があります。しかし、配役を見極めることはとても難しいことで、多くの人は結果が起きてから「ああ、あの人は私の人生でこういう役回りの人だったんだな」と思うものです。

そこで占いの力を借りる（自分自身の感性に頼らず、まったく違う観点から俯瞰する）のもひとつの手です。「こういう人なのかな？」と別の情報から人を判断することで、相手を知ることができます。

例えば「算命学」という生年月日を知っていればできる占いがあります。もとは中国発祥の占星術で、多くの占いのベースにもなっています。今では簡単なものだとインターネット上で検索すると無料で行えたりもします。自分自身を占うには「当たるも八卦当たらぬも八卦」という気持ちになるでしょうが、他人を占うのなら「あ、だからあの人はこういう言い方をするんだな」「そういう面があるから、こういう考え方をするんだな」と合点がいくものです。

相手を知れば、適切な距離を持って接することができ、人を色眼鏡で見ないことで、物事が好転していくループをつくりましょう。

容姿を磨く

人は第一印象を重視します。ファーストコンタクトで安心安全を感じられる人は好印象をもちますし、逆に不安や危険を感じる人は「また会いたい」とは思ってもらえません。もし、あなたが仕事をする前からマイナスの判断をされていたら、うまくいくものもうまくいかないので、まずは鏡を見て身だしなみをチェックしましょう。

まず、何よりも大切なのが〝清潔感〟です。例えば、鼻毛や無駄毛の処理はエチケットです。男性ではヒゲを生やす人が増えていますが、大人の男性として格好よく見えるのは、しっかりと手入れをされたヒゲだけ。また、体臭や口臭も他人からは指摘しづらいですが、不快感を与えやすいものなので、デオドラントにも注意をはらいましょう。爪を切り揃える、歯を磨く、目やにが出ていないか確認する等々、清潔にすることは人前に出る大前提だと思い、確認する習慣を身につけましょう。

実は、〝清潔感〟は体のケアだけに限りません。髪を整えて綺麗にお化粧をしていても、シミのついた服、汚れた靴を身につけていたらせっかくのお洒落も台無しです。人は見ていないようで細々としたところまで見ているもの。極端な話ですがどんなにお洒落していても、人目につきやすいポイントが決定的に酷いと、それが第一印象になってしまいます。

例えば、電車でブランド物のスーツに身を固めたお洒落な男性が腰をかけた途端、裾から覗いた靴下が色褪せてダマだらけだったとしたら……。目は足もとに釘づけになり「だらしない人なんだろうな」と思われてしまいます。

毎日使っているモノほど、持ち主はその傷みに気づかないか、見慣れてしまって汚さに気づかないものです。靴や鞄は傷み具合で、衣服は衣替えのタイミングで新調するなど、持ち物のメンテナンスも自然と行えるようにしましょう。

清潔感はあるけれど「ダサい」と思われるのもマイナス評価に繋がります。そこで最初に見直したいのがサイズです。太っているのに小さなサイズを着ていれば、余計に太った印象を与えます。逆に大きすぎると「服に着られている」ようで、他人の服を借りて着たような奇妙さを与えてしまいます。スタイルのよし悪しの印象は、体型そのものよりも着ている服のサイズが体に適しているかで決まるといっても過言ではありません。適切な服のサイズを身につけることで、その人本来の美しさが表れます。

ワイシャツやスーツなら袖や肩の長さが合っているだけで、別人のようにピシッと決まります。最近では安い値段でオーダーメイドができるお店も増えてきたので、仕事に使う服はオーダーメイドでつくるのが理想です。

清潔感をクリアすればひとまず合格ですが、さらに一歩突き抜けたければ、やはり無難さよりも攻めの姿勢で、ラグジュアリーな、上質な仕立てが感じられるお洒落をしましょう。無難な服装の人たちと並ぶだけで存在感をアピールできますし、「この人、お洒落がわかっているな」と思われれば、それだけで存在感が出ます。とはいえ、奇抜さを狙うのではなく、あくまでも場にふさわしいお洒落を心がけましょう。ハイブランドファッションに力を入れている百貨店の店員さんは、お店の服を上手に着こなしています。髪型やアクセサリーにいたるまで、ブランド価値を高める容姿をつくっているので、ぜひ参考に観察してみてください。

お金を効果的に使う

急にお金を持つようになると、泡銭《あぶくぜに》を使うようなお金の使い方をする人がいます。誰が見てもわかるようにブランドのロゴのついた服や鞄を持つ。高級車を何台も買う。本人の価値観ですので、よいも悪いもありません。

あからさまにお金を持っていることをひけらかすような使い方は、品がないと見られやすいです。また、人から妬みや嫉みもかいやすく、他人の負の感情を向けられれば、自分の〝力〟も削がれてしまいます。嫌味に感じるお金の使い方では、反感も買うだけでなく、自分に入るお金も出すお金も負のパワーを伴うため、お金の回り方も不安定になってしまいます。

富裕層は、これみよがしな高級なモノを買いません。なぜなら、お金とはエネルギーそのものであることを知っているからです。ですから、多くの人々が目にしても嫌な気持ちにならないモノを揃えます。真の富裕層はお金の使い方を知っているのです。

お金は上手に使うようにしましょう。

「ブランド品だから買う」ではなく、なぜそのブランドがよいとされるのかを考えたうえでお金を使うのです。素材や品質が上質であれば、むしろ、ブラントにこだわる必要はありません。

考えて使うことは、お金を持つ基本です。お金が増えるとつい無駄遣いをし、何かしら買ってしまいがちです。お金が増えたら、あえて小さな額でも大きな額でも、その結果に得られるものをよく考えて〝プラス〟になると思えたら払う。その習慣を身につけてみましょう。

例えば、奥さんや恋人が疲れている時に千疋屋などのパフェやケーキをプレゼントすると、とても喜ばれます。一般的なパフェやケーキに比べれば格段に高いですが、二千円程度で相手を元気にすることができます。デザートで二千円はたしかに高いですが、これで絆が深まるのなら、お金を使う価値があるというものです。職場でも同じように誰かを励まし、喜ばせるためにちょっと頑張ってお金を使うことで、金銭以上のものを得られるはずです。

お金は「他人のために使う」「自分の勉強のために使う」と私は決めています。すると、誰かの喜びを生むためにお金を使い、自分を高めるために勉強に使う、という循環が生まれます。この循環はｗｉｎ－ｗｉｎの関係をつくれるので、お金が回って増えていく仕組みになるのです。

「ブランド志向」ではなく「他者志向」、自己満足から他者満足へシフトしていきましょう。

人の悪口を言わない

人の悪口を言っても〝百害あって一利なし〟です。他人を悪く言えば、自分も他人から悪く言われます。悪口を言っても言われても、自分の〝力〟を失うだけでよいことなど何ひとつありません。何より、他人の短所や許せない点を口にしても何の解決にもならないのです。

人を悪く言いたくなるのは、その人を許せない時です。この許せない気持ちというのは、相手を裁きにかけているから生まれる感情です。この気持ちは、その人をまるっと飲み込めば消え去りますが、それができない限りは永遠と現れ続けます。飲み込めた途端に不思議と認識が変わり、敵に思えた相手の力を借りられるようになり、あなたは以前にも増してパワーアップします。

例えば、納期が遅い人に苛立っているとします。他の人にその悪口を言ってもその人の納期が早まることはありません。その悪口が本人に伝われば、気分を害して仕事の質が落ちることも考えられます。一方で「この人は納期の遅い人なんだ」と受け入れることができれば、どうつき合えばいいかの判断ができます。納期が遅いけれど仕事は完璧だと見直すことができれば、納期問題は気にならなくなるでしょうし、納期が遅い理由がわかれば、そのスケジュールに合わせてお願いすればいいだけです。

受け入れるとは「まあ、いいか」という気持ちにも似ています。納得がいかないから不快感や怒りを覚え、それ以上もそれ以下も目に入らなくなってしまいます。しかし「まあ、いいか」とワンクッション入れると、その人の事情がわかるようになって、納得できるようになるものです。納得できれば悪口も言わなくなります。

悪口を言いたい相手は、あなたの心が開かれるようになるまで、あなたの前に現れ続けます。ですから、その人はあなたのＬＥＶＥＬか上がるまで居続ける配役なのです。だからこそ、〝自分が正しい〟にこだわることなく、相手をよく知ったうえで上手につき合いましょう。

これは特定の個人に限った話ではありません。「憎まれっ子世に憚《はばか》る」と言うように、自分と相容れない人間はこの世に多くいて成功者のなかにもいます。だから「媚びへつらえ」という話ではなく、どれほどあなたと違う価値観であってもフラットにつき合えるようになればよいということです。

自由であるためには、自らしがらみを持たないこと。誰かを悪く言いたくなるのは、自分を縛っている証拠でもあります。誰にも縛られることなく、自由に高みを目指しましょう。そうすると、もっと楽に生きられるようになります。

継続する

自分の強みを見つけたら、結果が出るまでやり続けることが大切です。第Ⅱ部でLEVEL上げについて、一人で行うものを〝素振り〟、グループで行うものを〝練習試合〟と例えました。野球や剣道など、スポーツや武道をはじめ、多くのものには型やフォームといったものがあります。

一連の動きを示す型は、誰でも覚えることはできます。しかし、ただ型を表現できるのと、その型を自分のものにできるかは別です。同じ型を何度も繰り返し行っていくことで、やがて無駄が削ぎ落とされ、本質だけが残ります。いわゆる〝奥義〟と呼ばれるものです。

LEVEL上げも同じです。多くの人は、少しLEVELが上がってそこそこの成果が得られたら、そこで満足してやめてしまいます。しかし、その変化は大きな視野で見れば、ほとんど変わっていないに等しいもの。本当の〝変化〟を体験することはできません。LEVELを上げて極めていくと、人生のシナリオは変わっていきます。

あなた自身の配役が変わり、物語のスケールが広がります。すると、周囲の配役も変わり、あなたをさらに上へと引き上げてくれる人たちとの出会いも訪れるようになるのです。それほどの変化は、ちょっとしたLEVEL上げでは起こりません。1万時間以上も打ち込んで初めて一人前になると考え、ひたすら継続しましょう。

「継続は力なり」と言いますが、結果は続けることでしか生まれません。型と奥義のように〝成功の法則〟も自分のものになるまで繰り返していくことが何よりも大事です。成功は一握りの才能をもつ人だけのものに見えますが、誰もが必ず起こすことのできるものです。成功していないのは、やっていないから。何かのせいにして、続ける努力をしていないだけなのです。

ある女性の例をお話ししましょう。美容系のアカウントとしてInstagramを始めた頃はまだ無名でフォロワーもまったくいない状態でした。しかし、自撮り写真を毎日アップし、コメントやフォローを返すうちにフォロワー数は大きくなりました。1カ月もすると美容品メーカーや美容サロンからオファーが来るようになり、今では美容セミナーを開くまでになっています。続けていけば、インフルエンサーとして活動の幅も広がっていくはずです。

最初のうちは不安もあるでしょうが、コツコツと続ければ小さなビジネスの芽が出てきます。その芽が出てきたら次へ進む。これを繰り返していけば、いつの間にか想像以上の仕事に発展していることがあります。ですから、仕事がうまくいくには、淡々と続けること。成功へ繋がります。

すっぱりと捨てる勇気を持つ

抱えているモノを手放し、新たなモノを招き入れる。これが配役理論の究極の奥義です。悪いモノを捨てれば、トレードオフでよいモノが入ってきます。しかし、世のなかの多くの人は捨てることがとても苦手です。モノを捨てることはもちろん、悪い兆しをなんとなく感じていても抱えている事業であったり、縁であったりを捨てることができない。そのまま、ずるずると悪いほうへと引きずられ、下り坂を転げ落ちてから後悔しても遅すぎます。

しかし、不要なモノを抱えていては次へ進むことはできません。過去や未来、人、習慣、価値観など、自分をがんじがらめにしているモノは、すっぱりと捨ててしまいましょう。

捨てることを難しくしているのは、すがっている自分の気持ちがあるからです。言い換えれば、邪魔をしているのはたったそれだけ。決心ひとつ持つことができれば、驚くほどあっさりと捨てられます。手放した途端に身も心も軽くなり、まるで嵐が過ぎ去った空のように頭も心もクリアになって、次に為すべきことがはっきりとわかります。

わかっていても捨てられないコトの代表格が、大きな損失や自分の歴史でもある過去です。大きな損失は強烈な痛みとなって深い傷跡を残します。被害を受ける、大病を患うなど、自分の意思では防ぎようもないコトほど、時間が経っても理不尽さにもがき苦しむ人も多いでしょう。しかし、出来事はすべて次に起るコトのために起こるべくして起きたコトです。あなたがその試練から何を学び、何を生かすのか。未来に向けてあなたが問われています。その答えを掴み、前へ進むことで痛みを伴う過去もあなたのなかで異なる意味を持つのです。

また、意外にも栄光ある過去にとらわれ、時代の変化についていけない人たちもいます。しかし、栄枯盛衰は世の習いです。芽が吹いて花が咲けば、やがて枯れ落ち、冬は冷たい大地のなかで次の芽ぶきを待つというのが自然の摂理。執着を捨てることはさらなる飛躍への踏み台になります。

未来に対しても余計な考えや感情は不要です。不安に感じて身動きがとれなくなるのも、高を括って準備を怠るのも、間違っています。起こるべくして起こる出来事が先に待ち受けているからこそ、成功に向けて何が起ころうとブレずに、ただ前進し続けるだけでよいのです。

お金や時間ばかりを食うコト。不健康になる習慣。明らかに自分を不幸にしている縁。そういった悪循環の種は潔く捨ててしまいましょう。捨てた途端に、お金や時間を生み出し、健康的な習慣、幸福をもたらしてくれる縁が空いたスペースに舞い込んできます。

それでも捨てるのを躊躇っているのであれば、まずは具体的なモノ（洋服、使っていないモノなど）から捨ててみましょう。

お礼を欠かさない

何事も〝してもらって当たり前〟のものはありません。すでにお伝えしたように誰に対しても感謝の気持ちをもち、伝えることが大切です。「ありがとう」という言葉を出し渋る人もいますが、感謝の気持ちを伝えて生じる損など何ひとつありません。「ありがとう」は魔法の言葉です。ですから、折に触れて「ありがとう」を言いましょう。

「礼を尽くす」と言うように、誰に対しても敬意を持って接しましょう。どれほど優れた人でも一人で生きていくことはできません。自分が日々平穏に暮らしていけるのも、周囲の人たちの助けがあり、多くの人の支えによって社会が成り立っているからです。家族がいるから心地よく毎日の生活を過ごせます。また、公共施設を気持ちよく利用できるのも快適な空間を維持する人たちがいるからです。〝親しき仲にも礼儀あり〟という言葉のとおりで、つい感謝の念を忘れてしまう距離感の人に対して敬意を払い、お礼の気持ちを伝えましょう。

言葉やモノでお礼を伝えることもできますが、一番のお礼は「相手を引き上げる」ことです。例えば、日頃お世話になっている人が落ち込んでいたら、お茶やケーキを御馳走しながら話を聞いて励ますというのも、相手を引き上げることになります。相手の変化に気づけるのも、相手を励ますにはどんなことをすればよいか考えられるのも、すべては日々のなかで相手に誠意を持って接しているからこそです。だからこそ、常日頃から誠意を尽くすことが大事です。

そして何よりも、「相手の人生を好転させてあげる」ことこそが最大のお礼になります。チャンスを運ぶこともそのひとつですが、時には、相手の聞きたくない言葉であろうとも、悪循環から助け出して好循環へ導くものなら、愛ある苦言を呈することも必要です。相手の幸福を願う心からの言葉なら必ず伝わります。引き上げた相手が成功を収めた、あるいは幸福になった時には一緒に喜べるようになりましょう。

ただし「俺がお前を育ててやったんだ」と間違っても恩着せがましくなってはいけません。感謝されたいという欲から動く行為に誠意はなく、誠意のない人の言葉は他人の心を動かせるはずもないのです。

感謝は自然とするものであり、内側から溢れてくるもの。内と外は繋がっているので、あなたが心から礼を尽くす人間であれば、自然とあなたにもありがたい出来事が訪れるようになります。お礼は回り回ってくるものだからこそ、その巡り合わせを自らの手で止めぬよう、お礼を欠かさず、誠意をもって多くの人を引き上げてください。

そのようにすると、あなたがしたこと以上に、あなたも引き上げられ、ＬＥＶＥＬが限りなく上がっていきます。

運動する習慣を身につける

人は、生命力に溢れているモノや人に惹かれます。活力のある人は目もキラキラと輝き、まるでオーラを発しているようにそこにいるだけで輝いているように見えるものです。

顔色も悪く、どんよりと瞳が曇った人の言葉では、聞いている側も思わず心配してしまいます。出会った時から溌剌として活発な人の意見なら「この人の言うとおりにすればうまくいくかも」と信じてついていきたくなるでしょう。

1日の始まりから元気ならインスピレーションも沸き、ハイパフォーマンスで多くのことを達成できます。朝起きたらエクササイズを行い、朝食を食べてから出かけるだけでも午前中のパフォーマンスの違いに驚くはずです。

慣れてきたら軽いジョギングに出かけてみるのもよいです。ぎりぎりまで寝過ごし、慌ただしく家を出て会社に行くだけでは、身も心も固まってしまい、本来の力を少しも発揮できません。早朝のジョギングで季節の移ろいを感じたりしてから、時間の余裕をもって通勤すれば、仕事にも集中できます。

また、体を動かせば頭だけでなく心もリセットされます。

悲しい時や気分が塞ぎ込んでやる気が出ない時などは、空に向けて両腕を上げてジャンプしてみましょう。ジャンプしているその一瞬、人は感情から自由になれます。地に足がついて安全だからあれこれ考えられる脳も、宙に浮いている間は転倒や危険に備えてジャンプしている姿勢に集中するからです。

ジャンプを繰り返すうちにとらわれていた感情は消えていき、頭も心もクリアになるのです。ぜひ試してみてください。

朝から元気に過ごせる。動揺する出来事があっても対応できる。そのためには、何よりもパフォーマンスを下げる生活習慣をやめることです。例えば、飲み会では烏龍茶やソフトドリンクを飲むなど、お酒の量を減らす。お酒を飲む時間を減らせば時間ができます。その時間で運動する習慣を身につければ、健康でパフォーマンスの高い日々を送ることができます。私自身はヨーガと瞑想の習慣があります。

運動習慣は、心身をリセットする効果があります。それと同時にONENESSからもらえるパワーも大きくなります。科学的なデータでも、運動の効用は多方面から語られており、これからの時代は「なぜ、あなたは運動しないのですか？」と言われるくらい重要なテーマになるでしょう。

読書する習慣を身につける

　一冊の本は、多くの人が関わって世に出るものです。お金と時間をかけて培った知識を著者が執筆する。その内容を出版社で編集部と校正校閲部が事実確認をしていく。制作に時間はかかっても、作品として一定のクオリティを保たなければならないため、トレンドはもちろん、時代が移ろっても変わらない真実が含まれています。

　第Ⅱ部でセミナーに行くことをおすすめしましたが、それはあくまでも行く価値のあるセミナーです。質が悪かったり評判が悪かったりするセミナーに3000円を支払うくらいなら、1500円の本を何度も読み直したほうがずっとためになります。

　本にはエッセンスが含まれています。エッセンスを汲み取り、根幹を理解することができれば自分自身のものとして吸収し、アウトプットすることもできるようになります。

本から得られるパワーは3つあります。

◇1つめは、言葉の力

日本でも古くから「言霊《ことだま》」として言葉には呪力があると信じられてきました。実際に発する言葉はそれを現実化する影響力をもっています。心の琴線に触れることのできる言葉は、人を救い、人生を左右する力もあるのです。だからこそ、人を動かす力をもつ言葉や文章を通して学び、自分のものにすることができれば、あなたの言葉も自然と力を宿すようになります。

◇2つめは、経験の力

人は親や生まれを選ぶことはできませんし、人生は一度きりです。しかし、本を通して異なる生き方を知ることができます。他人の人生でありながら、その経験や感情の動き、決断や行動のすべてを追体験することができるのです。成功者が人生のなかで得た学びを自分の学びにし、その思考や行動を自分自身に宿すことができるのです。

◇3つめは、真理の力

高い視点を持てばONENESSの力によって、世界の仕組みが見えてきます。目に見えるものにも見えないものにも、必ず法則が存在します。成功にも法則が必ずあります。『思考は現実化する』の著者ナポレオン・ヒルは、アンドリュー・カーネギーからの依頼で500人以上の成功者を取材し、その体験談から成功哲学をまとめあげました。「人間は自分が考えているような人間になる」という名言も残しています。

法則は知っただけでは自分のものにはできません。〝自分が考えているような人間〟になって成功が現実化するまで、紙がすり切れるほど読み込んで成功哲学を会得しましょう。同様の理由で、歴史書や偉人伝などもおすすめします。

歴史を知る

「盛者必衰《じょうじゃひっすい》」という言葉があります。この世には永遠に変わらないものなどなく、勢いをもつ者も必ずやがては衰えるという意味です。

歴史は、栄華と没落が常にセットで描かれています。勝者が去って次の者が栄華を誇り、やがて次なる者に追われて歴史という舞台から去っていく。勝者たちの物語には、成功と失敗のエッセンスが凝縮されています。

味方の裏切りや父子・兄弟間の闘争、一揆や思いもよらぬ病など、どれほどに強く賢い人間でも予期せぬ出来事に苦しみ、倒れることを歴史は教えてくれます。「歴史は繰り返される」と言われます。栄華があれば没落があるように、対のものが繋がり合う歴史はこの世の理を表すものでもあるからです。

例えば、戦国時代というひとつの時代を切り取っても、制覇あるいは統治という同じゴールのもとにさまざまな物語があります。武で制する者もいれば智によって制する者、人心を掴む才で国を統べる者もいます。それぞれの強みを生かし、仲間を得て兵をまとめあげて覇者となる。歴史の物語から多くのものを学べるからこそ、たくさんの人が歴史小説や歴史ドラマなどを楽しめるのではないでしょうか。

就職活動で「司馬遼太郎が好きです」と答えた人もいるかもしれません。歴史小説の好きなビジネスパーソンは多くいます。歴史は人を動かす力のダイナミズムでもあります。だからこそ、その物語には必ず戦略論と組織論の成功と失敗が史実として描かれているのです。それは、ビジネスにおいて重要なエッセンスです。物語と実学が織り合わさった歴史は、決して過去だけのものではありません。その上に今があり、私たちに繋がっています。

私たちが生きる現代もまた歴史に刻まれています。虫の視点では何の変哲のない毎日を過ごしていると思っていても、常に世界は動き、歴史をつくる出来事や人物が次々と現れては入れ替わっています。敵対していた国家同士が対話路線に移ったり、一人の少女が環境保全のムーブメントを生み出したりと、人々の間でもさまざまな思想や価値観が生まれています。

歴史は世代を超えたコミュニケーションができます。なぜなら、過去の真実は誰にもわからないからです。それだけに人々と議論するテーマとしてはいい素材で、もしあなたがそういった教養を身につけていると、あなたを頼って人が集まってくるでしょう。

歴史とはたんなる雑学には留まらない力が秘められているのかもしれません。

芸術を嗜む

お金のある人は、仕事から離れた時間も大切にしています。車や洋服、インテリアなど心を満たしてくれるものにお金をかけて楽しみますが、やがて芸術や自然に辿り着く人が多いです。

恵みも与えれば災いももたらす自然は生物にとって圧倒的な存在です。自分の手で人生を切り開き、社会的地位をのぼりつめた成功者でも自然に生かされていることに変わりありません。体の不調に悩む現代人は多いですが、森を歩くだけでヒーリング効果があることが実証されています。生命の原点である自然に立ち戻ることで、本来の力を取り戻すことができるのかもしれません。

芸術はその自然に非常に近いものです。
歴史に名を残すほどの一流の作品は、芸術家がその人生や魂をかけてLEVELを極めた超人的な存在だからです。
誰もが一度は大自然の美しさや荘厳さに息を飲む体験をしたことがあるのではないでしょうか？　時間を経てもなお人々の心を掴む芸術作品も同じように圧倒的な力を宿しています。比類なきものを前にすると、余計な思考も感情も止まるものです。

今はテクノロジーを利用することで本やインターネットで絵画や動画を見ることも、自宅で音楽を楽しむこともできます。しかし、〝知識〟を楽しむのと、同じ空間で目の前にして楽しむのとでは歴然の差があります。

絵画や音楽、舞踊や劇など、リアルタイムでその場を訪れると〝体験〟として芸術を楽しむことができます。装飾や照明、音響など最高の状態で鑑賞できるように整えられた環境のなかで、五感を使って体全体でそのパワーを感じることで、自分の感性も高めることができます。

情報社会で私たちは多くの情報にさらされて生きています。五感はそれに慣れて鈍感になり、同じような生活の繰り返しのなかで価値観や感じ方も偏って凝り固まってしまいます。だからこそ、いつもと違う刺激に触れる必要があります。年明けに初日の出を見て「気持ちをあらたに一から頑張ろう」と思えるように、芸術に触れ、圧倒的な技術と感性に出会うことで、自分のなかの偏りをリセットしましょう。

瞑想を習慣化する

第Ⅱ部で瞑想によって心を整えることで環境も整うお話をしました。ぜひ、瞑想は習慣化して好循環を加速させていきましょう。

瞑想にもさまざまな方法がありますが、その多くは「ウジャイ呼吸法」と呼ばれる呼吸で行います。

「ウジャイ」とはサンスクリット語で〝勝利〟を意味します。ウジャイ呼吸法は、ヨーガの呼吸法には珍しい、胸式呼吸で行う呼吸法です。呼吸というと一般的には「腹式呼吸」を指し、鼻から息を吸って口から吐き、へその下のあたりを膨らませます。それに対して胸式呼吸では、鼻から息を吸って鼻から吐き、息を吸う時には肺を思い切り膨らませます。

ウジャイ呼吸法の大きな特徴は、呼吸時に、喉の奥で出す「シューッ」という摩擦音です。砂浜で波の音が響いている。そんな音をイメージするとわかりやすいです。

このウジャイ呼吸法を行うと、身体が温まり、血行促進の作用や内臓器官の活性化などたくさんの効果が期待できます。また、音を出して呼吸することで、呼吸音が心地よく感じられるようになり、心を安定させる効果もあると言われています。

ウジャイ呼吸法で体全体の生命エナジーを高める（5分）

このウジャイ呼吸法で身体を温めて活性化させ、エナジーを高めていく瞑想法をご紹介します。朝目覚めた後や集中してパフォーマンスを出したい時に行うとよいです。

巻末のコラムにてその他に5分でできる瞑想法を4つご紹介します。瞑想法の実践は、実際に教えてもらって身につけることをおすすめします。ただし、重要なのはテクニックではありません。あくまでも「〝我〟がいない」状態に入ることです。〝我〟とは、私欲を持ち過去と未来の時間の流れに身を置く自我です。それを消し去り、恐れがない状態に没入するということは、本来の自分自身になれることを指します。完全な自分自身になることがあくまでも目的です。

身体と心のメンテナンスも兼ねて、仕事3に対して瞑想1の割合で行うのがおすすめです。1000人に1人も実践していないことですから、瞑想を習慣化して継続するその効果は、とても高いです。世界レベルの経営者も瞑想習慣をもつ人が多いのは、効果があるという証明でしょう。

ウジャイ呼吸法のやり方

①最初にエナジーダンスを行う

・呼吸に合わせて掌を外に向けた状態で胸の前で横に動かす。息を吸ったら外へと広げ、吐くのとともに内側へと戻していく。次は、同じ要領で上下に動かす。胸の前に気を集めるイメージで行う

・このエナジーダンスの繰り返し、ウジャイ呼吸を5分続ける

②体全体にエナジーを送る

・5分経ったら、手を叩いてからこすり、両手で顔を覆って息を吸う。鼻をこすり、顔を撫で、頭を叩く。耳を揉み、喉をこすり、顎をこする

・その後、手をこすってから、両腕・胸・腹・脚・腰をこする

・最後に再び手をこすってから脚をこする

品格を磨き続ける

本書では、誰に対しても丁寧に接し、理不尽なものでも面倒な仕事でも丁寧に対応することがとても大切だと重ねてお伝えしてきました。「Yes, my lord（御意。神様にすべてお任せいたします）」の精神です。自分の内と外は繋がっていますから、どんなに些細な言動でも、水面に垂れる一滴のようにやがては大きな波紋となって世界に反映します。

うまくいくサイクルを作り出すのは、すべてを受け止める「Yes, my lord」です。

好循環を生み出す習慣のすべては、自分自身と向き合う姿勢にあります。どんなに勉強してLEVELを上げ、先見性の明があろうとも、周囲の人を蔑ろにし、人としてマナーがなっていなければ、あっという間に人心は離れ、運にも見放されてしまいます。

人は、自分の認めた人に手助けするものです。どれほどお金持ちでも妬まれてはネガティブな感情を受けてパワーを削がれてしまいます。逆に敬意や好意からは、ポジティブな感情を受けて自分のパワーにすることができます。心から信用できて初めて敬意や好意は形となるのです。品格は、社会的信用でもあります。

そのため、「決して裏切らない」ことも大事です。約束をした以上は必ず守る。何かを始めたらよい結果が出るまでやり続ける。できない約束をするのは不誠実ですし、後味の悪い終わり方ではよい縁を結ぶこともできません。断るにしても丁寧に真実を語り、相手の未来を思う言葉であれば〝裏切り〟にはなりません。

また、人を分け隔てせずフラットな状態を保つことも品格だと思います。相手の立場に応じて態度や考えを変える人は品位があるようには思えませんよね。また、口ではよいことを言っても自分が苦しい立場になった途端に掌を返していても、まやかしの品位だったと思われてもしかたがありません。

実はどんな時でも人に対してフラットであり続けることはとても難しく、誰にでもできるものではありません。よい人間であろうと心がけることは簡単です。しかし、自分に悪意を向ける人と出会った時に平常心でいられる人はほぼいません。あるいは、圧倒的に偉い人を前にしても媚びたり恐れたりせず、ありのままの自分でいることもとても難しいことのはずです。

試されるようなシチュエーションでも自分のスタンスを貫けるかどうか。それがあなたの真の品格を表します。

ＬＥＶＥＬが上がっていくと、人生もそのＬＥＶＥＬに合ったシナリオにシフトし、まわりの配役も変わっていきます。さらなる高みへ引き上げてくれる人も現れれば、あなたを好循環から引きずり落とそうとする人も現れます。その人たちがどんな立場でどのような形で知り合うかは、想定することはできません。

結婚しようと思う相手が、よき伴侶となるか否かを全員がわかっていれば離婚率が上がることもないように、多くの人はその場の感情に従って未来を選択しています。しかし、自分自身とその他の人たちを客観視し、配役を見極めることができれば、真実を知ることはできます。

品格に〝我流〟はありません。自分なりの善意から始まったものが、やがて自分から他者へ視点を移すことで、その善意は配役の使命や責務として社会的なものになります。そして、あなたの揺るぎない品位と人格に、人々があなたの品格を見出すでしょう。

第Ⅳ部

うまくいく人になるためのQ&A

ONENESSとはどういった考え方なのでしょうか？

左ページのイメージ図を見てください。ハンカチが「世界」だと仮定し、そのなかにたくさんの人がいるとします。その中心をつまんで引き上げると、一人だけが引き上げられるわけではなく、それに連れて多くの人々が引き上げられます。

このイメージがONENESSです。私たち人間はみな繋がっており、他人だと思っている人々もすべて「私」であるのです。

この考え方は、神がすべてを造ったという意味で捉えれば、キリスト教における神の子という意味に近いものでもありますし、仏教における空《くう》という言い方にも置き換

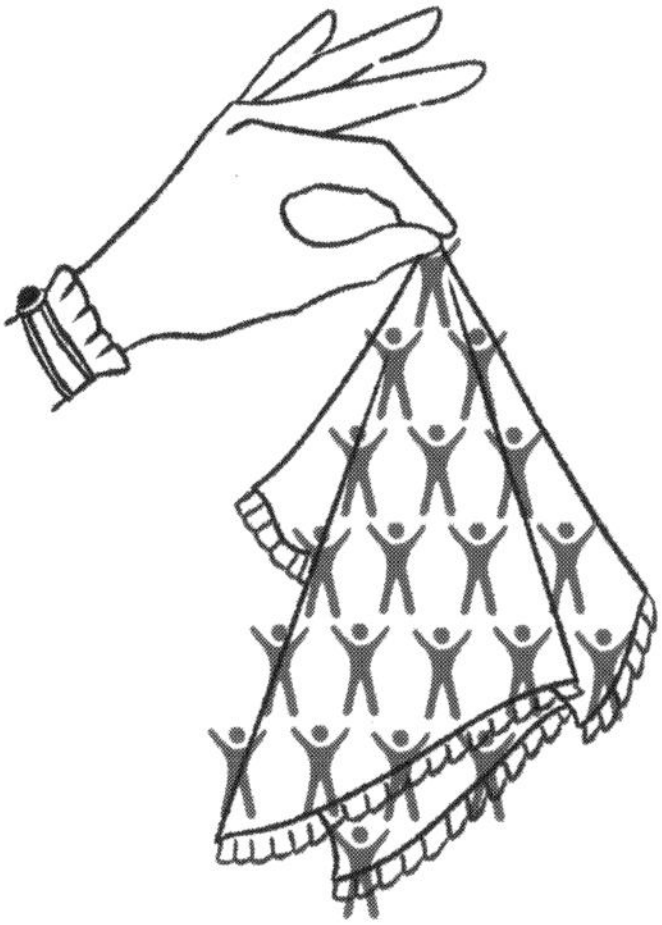

**誰かを引き上げると
それにつられて
他の誰かも
引き上げられる**

えられます。また、物理学における宇宙という意味にも近いかもしれません。

もう少し角度を変えた言い方をすると「この世界は、増えることも減ることもなく、永遠である」。だから、私たちはみな「真我《しんが》」であると考えます。真我とは、文字どおり、真実、本当の私、神様のように尊い存在のことであり、本来私たちはみな、神の化身であるという意味です。

なにやらスピリチュアルな世界に入り込んでしまいましたが、この「世界」の捉え方として、以上のように捉えたほうが「うまくいく」のです。

神様とか真我とか、言い方自体はどうでもいいことです。あくまで、この「世界」の認知のしかたとして、そのように「世界」を捉える視点が重要なことなのです。

仮にあなたの隣にいる人、道端で物乞いをしている人、そのすべてが「神」だと思ったら、この「世界」の見え方は大きく変わります。

そのように人々に対して尊厳をもった接し方ができれば、あなたの人生は大きくよい方向に舵を切っていくのです。

配役理論とはどういった考え方なのでしょうか？

ＯＮＥＮＥＳＳは「世界（宇宙）」の大きな概念の捉え方でした。対して、配役理論とは「社会」というもう少し小さい枠組みで捉えた関係性の理論です。みなさんが知っている理論のなかでは陰陽という考え方が近いです。

この陰陽ですが、宇宙や万物生成は陰と陽の二つの構成要素で成り立っているという考え方です。もともと中国の思想であり、私たち日本人にも馴染み深い考え方ですよね。

宇宙や万物生成は
陰と陽の二つの構成要素で成り立っている

配役理論は、これと似ていて、
私たちに巻き起こる事象は+と−が同時に出現してくる

配役理論は、これと似ていて、私たちに巻き起こる事象は＋と－が同時に出現してくるという考え方です。

この理論の名称になっている「配役」の意味ですが、ある事象にはあなたを含め、配役が割り振られており、その配役が演じるシナリオが予め決まっているという考え方です。ということで、私は配役理論というユニークで一度聞いたら忘れられないネーミングにしました。

このネーミングの由来は、私たちは映画に出てくる登場人物のように、それぞれの人が役を演じきらなければならないことから来ています。

例えば、あなたが仕事で大きなトラブルに巻き込まれ、Ａさんというとんでもなく嫌な人に言いがかりをつけられ、そのプロジェクトが大失敗したと仮定します。

これだけを見ていると、この事象にはマイナスの側面しかありませんが、配役理論に照らし合わせれば、物語はこれで終わるわけではなく、このマイナスとセットになったプラスの事象が表れてくるのです。つまり、映画の続きがあるというイメージです。

その後、あなたがその失敗プロジェクトを忘れていたころに、「あなたの○○のプロジェクトを見て、すばらしいと思い、ぜひ一緒に仕事をさせてください」といった話が舞い込んでくることがあります。それが先ほどのＡさんと関わった思い出したくないプロジェクトのおかげだったりします。

配役理論のことを知っていると、あなたに起こった事象を俯瞰して捉えることができます。私たちの人生は連続しているわけで、悪いことが起こり続けるわけでもなく、よいことが起こり続けるわけでもありません。

自分の周りにいる人々を「配役」として捉えると、心はざわつかず、常に冷静でいられるのです。

例えば、あなたに酷いことを言ったBさん、あなたを裏切ったCさん……それはハリウッド映画に出てくる悪役だと捉えれば、感情的にならず、「かわいそうな人だな。まあ、許してあげよう」とあなたは受け止めることができます。あなたにふりかかった事態に対して冷静に対処すれば、物事がよい方向へ好転するシナリオ（チャプター）へと変わっていくでしょう。

ここまで説明して、読者のみなさんは理解されたでしょうか？　いまいち、ONENESSと配役理論の違いがわからない！　そう感じている方もいらっしゃると思いますので、次の図を示します。

本書における一番大きな概念がONENESSで、そのなかに配役理論、LEVE

Lという考え方が内包されています。

このように捉えていただくと、すっきり整理されるのではないでしょうか？

基本にある思想はまったく同じですが、捉えている枠組みが違うというイメージです。

LEVELとはどういった考え方なのでしょうか？

ONENESSは、私たちの目では見えないけれどすべてが繋がっているという大きな「世界（宇宙）」でした。配役理論は、あなたとあなたを取り囲む人たちはプラスとマイナスの均衡を保つシナリオと配役が決まっているという関係性を説明するものでした。

誰もが繋がり合っている世界では、こうした高い視点からの考えや行動を身につけることができれば、おのずと人生がうまくいくようになります。

しかし、必ずしも高い視点だけを持っていればいいかといえば、そういうわけではありません。

例えば、ゲームをプレイしているあなたが最後に登場するような最も強い敵の倒し方を知っていたとしても、あなたが操作しているキャラクターのレベルが低いままで何の武器や防具も持っていなければ勝つことはできません。口先だけで何の力もなければ誰も相手をしてくれないように、大前提として個人としての実力を底上げすることは大事です。この個人からの視点がＬＥＶＥＬです。

では、今の自分のＬＥＶＥＬはどのくらいだろう？　と疑問をお持ちになったかもしれませんね。ＬＥＶＥＬは誰でもわかるものです。向上心の高い人は常にＬＥＶＥＬ上げを通して自分のＬＥＶＥＬと向き合っている方です。

もし、自分ではわからないと思ったのであれば、就職活動の面接や立場の高い人と話す場面を想像してみてください。相手から「あなたは何ができますか？」「私と一緒に何か仕事をするとしたら、あなたは何をしますか？」と尋ねられるはずです。

それに対して今のあなたは何と答えるでしょうか？　その答えこそが現時点でのあなたのLEVELです。もし、まだこうした質問に自信をもって答えられないのであれば、自分の強みをひとつ見つけて特化していきましょう。

ONENESSの「世界（宇宙）」に対してLEVELは「虫の視点」であると言えます。

本書を手に取っていただいたあなたはきっと努力家な方だと思います。これまでも仕事や人生に役立ちそうなものを学んできたことでしょう。ノウハウや技術を身につけてスキルアップし、磨いてきたものこそがここでいうLEVELです。

言い換えれば、誰でも自分の努力次第でLEVELはどんどん上げることができます。知識も技術もなく売上をあげられない営業部の新人がいたら、先輩や上司はその新人にまずはノウハウを教えてあげるはずです。その人は、ノウハウ本を読んだり、仕事ができる人がやっているコツを真似したりして、やがて営業部の一員として活躍できるようになるでしょう。

強みを持っていてＬＥＶＥＬは十分だと思うのに伸び悩んでいる。限界を感じている。

そう感じることは、次なるステップとして視点を上のレベルへ上げる段階にきた証です。ＯＮＥＮＥＳＳと配役理論を知り、これからの時代に求められる新たな高みを目指しましょう。

本書は今までのスピリチュアル思考とはどう違うのでしょうか？

以前にも増して、パワースポットがブームです。最近は海外の人々も神社を訪れ、祈りを捧げています。また、オーラのある人物を携帯電話の待ち受け画面にすると運気が上がるとか、パワーのある物を身につけるとその力を貰えるとか、そういった話は日常のなかで頻繁に聞かれます。

誰もが受験を前に神社仏閣で合格祈願をしたり、学業成就のお守りをもらったりした経験があるでしょう。あなたの心のなかにある一抹の不安を消し去ってくれたら、落ち着いて実力を発揮できます。

本書は、その〝実力〟を身につけるためのお話を書いています。

たとえ名高い神社仏閣をお参りして強いパワーがあるとされるお守りを持っていても、全く勉強せずゼロの状態なら合格できるはずもありません。

実力とは文字どおり、実際に身につけている力のこと。すべての力は自分自身にあるのです。パワースポットやパワーストーンなどで〝力を借りる〟発想は世のなかに定着していますが、逆に〝力を失っている〟発想を持つ人はあまりいません。たくさんの力を失い続けながら、物事がうまくいかないので外のちょっとした力を借りようとしていても現実は変わりません。

例えば、あなたの身近にエネルギーに満ち溢れた人、エネルギーが枯れている人がいるはずです。エネルギッシュな人は、何も言わなくても自信に満ち溢れていて自然と人を惹きつける魅力を持った人です。パワーがあるからこそ、周囲を惹きつけ、さらにその力を自分のものにしているわけです。一方、エネルギーが枯れている人の特徴は「あの人はスゴイ」とか「あの人はダメだ」などと他人を評価しています。じつはこの行為が「うまくいかない」ことに気づいていません。

もちろん、礼節をもって他者と接することは大事ですが、人を見上げたり見下したりするということは、見上げた人に見下される立場に自分を置いているということ。仮に人が持っているエネルギーを100%だとすると、「あの人はスゴイ（10%）」「あの人はダメだ（10%）」というエネルギーを周囲に費やし、そのトータルぶんの力を自分から失っているというイメージで捉えてみましょう。

「自分」というものに囚われることで、エネルギー効率が悪くなっているのです。こういう場合は、ＯＮＥＮＥＳＳという考え方に立ち返ってみるといいでしょう。ＯＮＥＮＥＳＳは非常に高い視点で物事を見ることができます。例えるなら、そういった高い周波数に合わせていくことで好転する機会がつくられていくのです。

巻末コラム

毎日続ける瞑想

第Ⅲ部でご紹介したウジャイ呼吸法とあわせて毎日行える瞑想法をご紹介します。瞑想法はそれぞれに意味があり、効果も異なるものです。目的にあわせて瞑想を行えば、パフォーマンスを上げることも、あるいは平常心を取り戻すこともできます。

LEVEL上げと考え、毎日続けていくことを心がけましょう。

カパラバティ呼吸法（5分）

これは両鼻から〝虫〟を追い出す呼吸です。「カパラバティ」とは「光る前頭」を意味します。日本でもその昔は病の原因を〝虫〟と呼んでいました。頭を曇らせているものを浄化し、頭をクリアにしてくれます。

①鼻で息を吐き続ける

・短いスパンで素早く「フ、フ、フ、フ」と腹筋を収縮させながら、鼻から息を吐きつづける
・息を吸うことをあまり意識せず、吐くことに集中する
・5分続ける

チャクラを解放し、真実に繋がる瞑想（5分）

人間には7つのチャクラがあると言われています。「チャクラ」は「円」を意味し、エネルギーの循環ポイントのようなものです。ナディ・ショーダナ呼吸法で眉間に触れているのは、そこに第6チャクラで人生の方向性を直感で知る第六感に似たエネルギーがあるからです。ここでは、それに加えて第5チャクラも解放していきます。第5チャクラは、コミュニケーションにおけるエネルギーです。

この両方のチャクラが鍛えられると、相手が真実を語っていることも、自分自身が真実を語ることも容易にできるようになります。

①第6チャクラから入れ、第5チャクラから出す

・眉間のチャクラからエネルギーを入れるイメージを持ち、鼻で息を吸う
・入ったエネルギーを喉のチャクラへ繋げるイメージで、鼻で息を吐く

・続けて、喉のチャクラから吸い、眉間のチャクラから吐く
・これを5分続ける

利己から脱却し、達観を得る瞑想（5分）

最後にマントラを唱える瞑想法をお伝えします。すべての根源で本質であり不生不滅を示すサンスクリット語で「始まり」を意味するア字と向かい、高次の体験へと飛翔させる祈りの言葉を唱えます。この瞑想は、うまくいけばすぐに〝観察者の自分〟を立ち上げることができます。つまり、呼吸をしている自分を〝観察している自分〟として捉えることができるのです。

①ア字を見て印を結ぶ

・印を結ぶ

②マントラを唱える

・「ガテー　ガテー　パーラガテー　パーラサムガテー　ボーディ
スヴァーハー」と唱える

・これを5分続ける

エピローグ

「すべてがうまく回り出す」法則を知り、物語を味わい、冒険に出よう

本書では「人生がうまく回り出す」ヒントとエッセンスをお伝えしました。「人生や仕事がうまくいく人の法則」を知った今、あとは行動するのみです。

現実世界を変えるには思考を変えるしかありません。

変えるべきなのは、自分のなかにすでにインストールされているプログラムです。絶対的な存在である「親」や世間から刷り込まれた「価値観」や「常識」、「好き・嫌い」といった、無自覚なままにインストールされ、発動している思考。それを自分の考えと信じ、変えることのできないものと信じていては、悪循環から抜け出すことはできないのです。

自分のなかの〝固定観念〟を捨てる。その第一歩を踏み出し、〝行動〟してみましょう。考えるだけでは人も世界も変わりません。どんな些細なことでも行動をひとつ起こしてみるだけで、変化は訪れます。一石を投じれば大きな波紋が生まれるように、あなたの行動ひとつで、あなた自身にもその周囲の人たちにも、そして現実世界にも変化をもたらすことが可能になります。

「自動プログラム」に気づけるよう、本書ではあなたに問いかけ続けました。

ここまで読んだあなたならきっと気づけたことでしょう。以前のあなたよりも、すべてがうまくいく好循環に一歩近づいたあなたになっていますね。そんな自分を信じ、新しいプログラム探しの旅に出てみてください。

あなたと異なる人生を送り、異なる考えを持つ人と出会い、その違いを受け入れてみるのです。世間の人たちは、自分自身にすでに埋め込まれている固定観念を捨てさせるために遣わされた配役です。この力を使える存在になることが、すべてがうまくいくための秘訣です。

そうなるためには、さまざまな価値観を飲み込み、咀嚼し、消化すること。やがて、自分の血肉となり新たなプログラムとしてインストールされます。あなたの背中を押す力となるのです。

すると、あなた自身に備わる本来のパワーが最大限に引き出されるようになります。

自分の得意なものは何か。

不得意なものは何か。

本書を通して自問自答を繰り返すうちに、以前よりもクリアに自分がわかるようになった方もいるでしょう。周囲の人と話をし、新たな出会いを通して自身をしっかりと認識できるようになった方もいるかもしれませんね。

その強みを行動と継続によって現実世界に繋げてください。

自分の強みで他者を引き上げていくこともＬＥＶＥＬ上げになります。自分の配役が上がれば、おのずと周囲に新たな配役が現れるものです。見過ごすことなく見極めて揚力とし、さらなる高みを目指し続けましょう。

上を見上げながら一歩一歩、しっかり前へ進んでいれば高みへ登っていくことはできます。もちろん、好循環に乗っても向かい風はあります。

しかし、配役理論を知っているあなたならどんな試練も冷静に受け止めることができます。大きな試練ほど、乗り越えた先に大きな成功があるのです。続けた先にしか成功はありません。

自分の心を逆撫でするような存在に悩まされても、その人が自分と相反する配役だと認めれば、驚くほど気持ちは落ち着き、その人の力を借りて次に何をすべきかがわかるようになります。

被害に遭う、大病を患う、大切な人やものを失う。

そういった絶望もやがては過ぎ去り、その先に大きな光があります。そこから自分を救い出してくれるのは、自分自身です。絶望的に思える状況にもあなたにとって一生の宝となる学びが隠されているのです。痛みも苦しみも大いなる幸福へと姿を変え、人生の祝福となります。

それに気づけるための認知フレームこそ「ＯＮＥＮＥＳＳ」「配役理論」「ＬＥＶＥＬ」です。

ＯＮＥＮＥＳＳを知り、配役理論によって多くを受け止め冷静に行動し、ＬＥＶＥＬを高め続けるあなたの仕事や人生は、必ずうまくいきます。

品格を磨き続け、心が常にフラットな状態であることを忘れないでください。少しの成功で満足し奢ってしまっては、鏡合わせの現実世界も同様に、次の成功が遠のき、奢った人間が必ず現れて、あなたを悩ます存在として出現します。自分を見失うことのないよう、常に自分の品位と人格を問い続ける厳しさも必要です。

試練も成功も、すべては自分のために出てくるのがＯＮＥＮＥＳＳです。

得意を成長させ、不得意を受け入れて他者の力を得る。次はどんな配役が現れるのか。どんなメッセージを思いもかけないところで問いかけられるのか。そのことを忘れずにいれば必ずその幸運のメッセージを拾い上げることができます。

不安になった時、休みたくなった時は、いつでもこの本に戻ってきてください。再び前へ進める力を取り戻せます。だから、恐れることなく一度きりの人生という大いなる物語を楽しんでください。

さあ、ともに冒険へ旅立ちましょう。

２０２０年　春　石山幸二

【うまくいく特典】

本には書けなかった、
さらなる秘密をお伝えしたいと
思っております。
ぜひ下記のQRコードに
アクセスしてください。
ご案内詳細はこちらから。

メルマガ登録

https://canyon-ex.jp/fx2266/T6RI7Q

LINE@登録

QRコードから登録

【著者略歴】

石山幸二（いしやま・こうじ）

株式会社トレーディングリブラ 代表取締役

経営コンサルタント。上場会社にて、ブランディング、マーケティングを学び、独立起業。ビジネスにおいての挫折により、精神世界の重要性に気づき、師の元で修行に入る。ヨーガと瞑想の絶え間ない修練により真我意識が現出。ビジネス視点はもちろん、ワンネス視点からのリーディングにより、真の問題点を瞬時に見抜く。医師や経営者など数多くのクライアントを成功に導いている。

本当《ほんとう》の力《ちから》に目醒《めざ》めて
「うまくいく」人《ひと》の、たった1つの考《かんが》え方《かた》

2020年4月1日　初版発行

発行　**株式会社クロスメディア・パブリッシング**

発行者　小早川 幸一郎

〒151-0051　東京都渋谷区千駄ヶ谷4-20-3 東栄神宮外苑ビル

http://www.cm-publishing.co.jp

■本の内容に関するお問い合わせ先 …… TEL (03)5413-3140／FAX (03)5413-3141

発売　**株式会社インプレス**

〒101-0051　東京都千代田区神田神保町一丁目105番地

■乱丁本・落丁本などのお問い合わせ先 …… TEL (03)6837-5016／FAX (03)6837-5023

service@impress.co.jp

（受付時間　10:00～12:00、13:00～17:00　土日・祝日を除く）

※古書店で購入されたものについてはお取り替えできません

■書店／販売店のご注文窓口

株式会社インプレス　受注センター …… TEL (048)449-8040／FAX (048)449-8041

株式会社インプレス　出版営業部 …… TEL (03)6837-4635

カバーデザイン　安賀裕子

本文デザイン　安井智弘

印刷・製本　株式会社シナノ

装画・イラスト　八鳥ねこ（konoha）

校正・校閲　konoha

ISBN 978-4-295-40394-4 C2034